Information Judentum

herausgegeben von
Yehuda Aschkenasy, Ernst Ludwig Ehrlich
und Heinz Kremers

Band 7

Abraham Joshua Heschel

Die Erde ist des Herrn

Die innere Welt des Juden in Osteuropa

Aus dem Englischen übersetzt
von Ruth Olmesdahl

Mit Zeichnungen von Otto Axer

Neukirchener Verlag

Die Originalausgabe erschien unter dem Titel
»The Earth is the Lord's. The Inner World of the Jew in East Europe«
© 1978 by Farrar, Straus & Giroux, New York

Aus dem Englischen übersetzt von Ruth Olmesdahl

© 1985 Neukirchener Verlag des Erziehungsvereins GmbH,
Neukirchen-Vluyn
Alle Rechte der deutschen Ausgabe vorbehalten
Umschlaggestaltung: Kurt Wolff, Düsseldorf-Kaiserswerth
Mit Zeichnungen von Otto Axer, Warschau
Gesamtherstellung: Breklumer Druckerei Manfred Siegel
Printed in Germany – ISBN 3-7887-0780-1
ISSN 0344-4767

CIP-Kurztitelaufnahme der Deutschen Bibliothek

Heschel, Abraham Joshua:
Die Erde ist des Herrn: d. innere Welt d.
Juden in Osteuropa / Abraham Joshua Heschel.
Aus d. Engl. übers. von Ruth Olmesdahl. –
Neukirchen-Vluyn: Neukirchener Verlag,
1985.
    (Information Judentum; Bd. 7)
    Einheitssacht.: The earth is the Lord's ⟨dt.⟩
    ISBN 3-7887-0780-1
NE: GT

Inhalt

Vorwort

In diesem Büchlein habe ich versucht, die Geschichte der Juden Osteuropas zu erzählen, die in unseren Tagen zu Ende gegangen ist. Ich spreche nicht über ihre Bücher, ihre Kunst oder ihre Institutionen, sondern über ihr tägliches Leben, über ihre Sitten und Gebräuche, über ihre Einstellung zu den Grundtatsachen des Lebens, über die Wertmaßstäbe, die ihr Streben leiteten.

Es ist die Geschichte eines ganzen Zeitalters der jüdischen Geschichte, und sie versucht, den Charakter eines Volkes darzustellen, wie er sich in seiner Lebensweise durch die Generationen spiegelt, in seinen Bindungen und Beweggründen, in seinen einzigartigen und dauerhaften Zügen. Unter einem größeren historischen Blickwinkel betrachtet, werden Fragen, die in den letzten Jahren allmählich wichtig wurden, nur insoweit berücksichtigt, wie es ihrem Anteil am Gesamtbild der aschkenasischen Periode zukommt, die sich über achthundert Jahre erstreckt hat.[1]

Meine Aufgabe bestand nicht darin zu erklären, sondern zu sehen, zu erkennen und zu beschreiben. Eine Untersuchung der sozialen, ökonomischen und politischen Faktoren, die während dieser Periode wirksam waren, und ihr Einfluß auf den Geist des Volkes lag nicht im Rahmen dieser Abhandlung. Ebensowenig

---

1 Die osteuropäische Periode war eine Phase in der Entwicklung der aschkenasischen Judenheit, vgl. S. 21f.

war es meine Absicht, bei den verschiedenen Errungenschaften jener Periode zu verweilen – die Beiträge zu Wissenschaft und Literatur, zu Kunst und Theologie, die Entstehung der Wissenschaft des Judentums[2], die Wiederbelebung der hebräischen Sprache, die moderne hebräische und jiddische Literatur, die Entwicklung der jiddischen Sprache, des Zionismus, des jüdischen Sozialismus, die Errichtung neuer Zentren, der Wiederaufbau Israels, die verschiedenen Versuche, jüdisches Leben zu modernisieren und den wechselnden Bedingungen anzupassen.

Denn wie schätzt man die historische Bedeutung einer Epoche richtig ein? Mit welchen Maßstäben messen wir Kultur? Es ist in der modernen Welt üblich, eine Epoche an ihrem Fortschritt in der allgemeinen Zivilisation zu messen, an der Qualität der Bücher, an der Zahl der Universitäten, an den künstlerischen Werken und an den wissenschaftlichen Entdeckungen, die während dieser Zeit gemacht wurden. Als Juden, die wir eine alte Tradition für die Einschätzung und Bewertung von Ereignissen und Generationen haben, beurteilen wir die Geschichte nach anderen Kriterien, nämlich danach, wieviel Bildung es im Leben des Volkes, wieviel geistige Substanz es in seinem täglichen Leben gibt. In unseren Augen ist Kultur der Lebensstil eines Volkes. Wir beurteilen Kultur nach dem Maß, nach dem ein ganzes Volk, nicht nur einzelne, in Übereinstimmung mit den Geboten einer ewigen Lehre lebt oder nach geistiger Wahrhaftigkeit strebt; nach dem Ausmaß, in dem Innerlichkeit, Mitleid, Gerechtigkeit und Heiligkeit im täglichen Leben der Massen zu finden sind. Der Lebensstil eines Volkes ist bedeutsamer als sein Kunststil. Nicht der Ausdruck zählt am meisten, sondern die Existenz selbst. Der Schlüssel zur Quelle der Kreativität liegt nicht in der bloßen Fähigkeit zum Ausdruck, sondern in dem Willen, an der Spiritualität festzuhalten, dem Nichtausdrückbaren nahe zu

2 Moderne wissenschaftliche Untersuchung der jüdischen Geschichte und Literatur

sein. Wirkliche Kreativität kommt aus dem Offensein für die Vereinigung mit dem Ewigen in der Realität. Um die osteuropäische Periode der jüdischen Geschichte angemessen beurteilen zu können, mußte ich das Lebensgefühl und den Lebensstil des Volkes untersuchen. Dies führte zu dem Schluß, daß unser Volk in dieser Epoche das höchste Maß an Innerlichkeit erlangt hat. Ich fühle mich zu der Aussage berechtigt, daß es das goldene Zeitalter der jüdischen Geschichte, der Geschichte der jüdischen Seele war.

1

Der Seufzer

Die meisten Menschen unterliegen der magnetischen Anziehung des Besitzes von Dingen und bewerten Ereignisse nach ihren greifbaren Erfolgen. Wir schätzen die Dinge, die im Bereich des Raumes zur Schau gestellt werden. Die Wahrheit jedoch ist, daß man wirklich Kostbarem im Reich der Zeit und nicht im Reich des Raumes begegnet. Bronzestatuen leben von der Gnade des Gedenkens derer, die sie anschauen, während Augenblicke der Seele fortdauern, auch wenn sie in den Hintergrund des Denkens gedrängt werden. Gefühle, Gedanken sind unser eigen, Besitztümer dagegen sind fremd und oft trügerisch für das Selbst. Sein ist wesentlicher als Haben. Obwohl wir mit den Dingen umgehen, leben wir in Taten. Heiden verherrlichen heilige Gegenstände, die Propheten rühmen heilige Werke. Der kostbarste Gegenstand, den es je auf Erden gab, waren die beiden steinernen Tafeln, die Mose am Berg Sinai empfing: »Die Tafeln waren ein Werk Gottes, und die Schrift war die Handschrift Gottes, eingegraben in die Tafeln.«[1] Aber als Mose vom Berg herunter kam, die beiden Tafeln, die er gerade empfangen hatte, in der Hand, und sah, wie das Volk um das Goldene Kalb tanzte, warf er die Tafeln hin und zerbrach sie vor den Augen des Volkes.

1 Exodus 32,16

Der Stein ist zerbrochen, aber die Worte leben. Auch die Ersatz-
tafeln, die Mose nachher machte, sind nicht mehr da, doch die
Worte sind nicht gestorben. Sie klopfen noch an unsere Pforten,
als ob sie bäten, eingegraben zu werden »auf die Tafeln unseres
Herzens«. Während andere ihre Frömmigkeit, Inbrunst und
Glauben in herrlichen Liedern der Baukunst zum Ausdruck
brachten, hatten unsere Vorfahren weder das Können noch das
notwendige Material, um vergleichbare Bauten aufzuführen.
König Salomo mußte phönizische Handwerker nach Jerusalem
bringen, damit sie am Bau des Tempels des Herrn mitarbeiteten.
Aber es gab Juden, die wußten, wie man Ziegel in die Seele legt,
Heiligkeit wachsen läßt aus einfachen Taten, aus Studium und
Gebet, aus Fürsorge, Furcht und Liebe. Sie wußten, wie man eine
Pyramide entwirft und baut, die niemand außer Gott sehen
konnte.

Die Juden Osteuropas lebten mehr in der Zeit als im Raum. Es
war, als sei ihre Seele immer unterwegs, als ob ihr innerstes Herz
keine Beziehung zu den Dingen hätte. Selten nur gelingt es einem Künstler, ihren Geist in Farbe und Linie zu vermitteln. Ein
niggun, eine Melodie, die auf der Suche nach ihrem eigenen unerreichbaren Ziel schwebt, eine Erzählung, in der die Seele den
Verstand überrascht, ein *knaitsch*, die zarte Schattierung eines
Gedankens, oder eine inbrünstige Geste, die eine Situation sozusagen in Gottes Anführungszeichen setzt – all dies verrät vielleicht mehr von ihrem Wesen.

Er war schon ein einmaliger Menschentyp, der Jude Osteuropas.
Seine Gewohnheiten und Neigungen entsprachen nicht dem
klassischen Schönheitsideal, dennoch besaß er einen wehmüti-
gen Charme. Seine Physiognomie war nicht wie ein Abschnitt in
einem aufgeschlagenen Buch – ein festgefügtes Bild gleichförmi-
ger Linien mit einem bestimmten Anteil an Text und Fußno-
ten –, sondern wie ein Buch, dessen Seiten dauernd gewendet
werden.

Jener Charme kam aus dem inneren Reichtum ihres Wesens, aus

der Polarität von Verstand und Gefühl, von Freude und Sorge, aus der Mischung von Intellektualismus und Mystik, die analytische Beobachter oft verwirrt. Ihr Geist war nicht wie der ruhige Schimmer einer Perle, die geduldig und still sanft glänzt; eher leuchtete er wie ein zitternder Lichtstrahl, wie das Funkeln geschliffener Steine.

Wenige von ihnen lernten je die Kunst, fröhlich, sorglos und entspannt zu sein. Das jüdische Kind wurde gelehrt, daß das Leben zu ernst sei, als daß man es mit Spielen vertun könne. Wenn man Freude empfand, dann immer aus einem ernsten Anlaß; sie war Zurüstung auf ein freudiges Ereignis und wurde begründet wie ein logischer Schluß.

Es gab viele, die Worten nicht trauten; ihre tiefsten Gedanken fanden Ausdruck in einem Seufzer. Kummer war ihre zweite Natur, und der Wortschatz ihres Herzens bestand aus dem einen Laut: »Oy!« Und ihre Augen waren stumme Zeugen, wenn mehr zu sagen war, als das Herz sagen konnte. Es war in der Tat bezeichnend für ihre Geisteshaltung, daß Generation auf Generation einige ihrer Führer sich berufen fühlten zu lehren, daß nicht Fröhlichkeit, sondern im Gegenteil ihr Fehlen Sünde war.

Verhaltene Trauer war in ihrem Überschwang, tiefe Traurigkeit in ihrer Freude. Ihre echten Gesänge sind durchgehend in Moll. Die Melodien, die die Hochzeitsmusikanten vor der Verschleierungszeremonie spielten, zerrissen der Braut fast das Herz. Der *badchan*, der Spaßmacher, pflegte mit klagender Stimme das Leiden und die Plage auszumalen, die das Leben für jedes menschliche Wesen bereithält. Unter der *chupa* – dem Hochzeitsbaldachin – pflegten Braut, Mutter und Großmutter zu schluchzen, und selbst ein Mann brach meist in Tränen aus, wenn er eine gute Nachricht hörte. Aber alle Juden sangen: der Student über dem Talmud, der Schneider, während er ein Paar Hosen nähte, der Schuhmacher, während er zerrissene Schuhe flickte, und der Prediger während seiner Predigt.

2

»Mit deinem ganzen Herzen«

Sie machten nicht den Fehler zu meinen, daß man das Gute ohne eigenes Zutun erlangt und daß man nur die Stunden durchleben muß, um das Lebensziel zu erreichen. Um zum Ziel zu gelangen, muß man sich ihm zuwenden. Was nicht ausgerichtet ist, was dem Zufall überlassen bleibt, geht in die Irre.

Sie verachteten das Rauhe, das Grobe, und versuchten, allem, was sie taten, eine innere Würde zu verleihen. Nicht nur die besonderen Tage, nicht nur der Sabbat, auch ihre Wochentage hatten eine feste Form. Alles war nach einem Modell festgelegt. Nichts war beiläufig, nichts dem Zufall überlassen.

Die Gerichte, die an bestimmten Tagen auf den Tisch kamen, die Art, wie man seine Schuhe an- und auszog, die Haltung des Kopfes, wenn man auf der Straße ging – alles war auf einen bestimmten Stil abgestimmt. Jeder Teil der Liturgie, jedes Gebet, jede Hymne hatte ihre eigene Melodie, jede Einzelheit ihre eigene Physiognomie, jeder Gegenstand seinen individuellen Stempel. Selbst die Landschaft wurde jüdisch. Im Monat Elul[1] während der Bußzeit zitterten die Fische in den Strömen; an *Lag*

---

1 Ungefähr September, der Monat, der den »Tagen der ehrfürchtigen Scheu« – von »Neujahr« (Rosch HaSchana) bis zum »Versöhnungstag« (Jom Kippur) – vorausgeht. Der Monat »Elul« ist – in Vorausnahme des himmlischen Gerichts an den »Tagen der ehrfürchtigen Scheu« – der inneren Vorbereitung und Selbstprüfung gewidmet.

baOmer[2], dem Fest der Gelehrten im Frühling, jubelten die Bäume. Wenn ein Feiertag nahte, fühlten es sogar die Pferde und Hunde. Und eine Krähe, die auf einem Zweig hockte, sah aus der Entfernung aus, »als trüge sie einen weißen Gebetsschal mit dunkelblauen Streifen an der Vorderkante, und sie schaukelt hin und her, als betete sie, und senkt ihren Kopf in inständigem Bitten.«

Sie hatten aber auch genügend Vitalität, das einmal übernommene Modell zu verändern. Ständig wurden neue Sitten hinzugefügt und die alten mit Details ausgeschmückt. Manche Zeremonien wurden unverändert von Generation zu Generation weitergereicht, aber ihre Bedeutung blieb nicht die gleiche. Eine immer sprudelnde Quelle hielt die alten Wiesen frisch.

Sie wurden gelehrt, für das Entfernteste im Nächstliegenden zu sorgen, immer in dem Wissen, daß das Vergängliche eine Spiegelung des Bleibenden ist, daß die Tische in ihren bescheidenen Häusern geweihte Altäre werden können, daß eine einzige Tat eines einzigen Menschen über das Schicksal aller Menschen entscheiden kann. Charakteristisch für ihre Frömmigkeit war das unheroische Opfer – bescheidene, unauffällige Hingabe statt Überschwang, Kasteiung und Askese. Der Zweck war, das Alltägliche zu veredeln, weltliche Dinge mit geistlicher Schönheit zu umgeben.

Ein Mensch, der peinlich genau die festgesetzten Regeln und Normen beachtete, galt als guter Jude. Aber nur jemand, der »über das hinausging, was das Gesetz forderte«, würde dem Außerordentlichen nahekommen. Man war nicht der Meinung, daß Heiligkeit in besonderen Akten bestand, wie übermäßigem Beten oder Erfüllung von Riten. Heiligkeit war eine Haltung, die zu allen Handlungen gehörte, mit allen Taten verbunden war und alle Aktivitäten des Lebens

2 Der dreiunddreißigste Tag in der Zählung der Tage, die mit dem zweiten Tag von Pessach beginnt und mit dem Wochenfest endet

16

begleitete und formte. Heiligkeit war kein Ausflug in die Spiritualität. Ihr Kennzeichen war liebevolle Zuwendung. Der war
ein Heiliger, der nicht wußte, wie es möglich sein könnte, nicht
zu lieben, nicht zu helfen, kein Gefühl zu haben für die Ängste
anderer.

Rabbi Israel Salanter, ein berühmter Denker und Begründer der
Bewegung der »Moralisten«, starb in einem fremden Land, fern
von seinen zahlreichen Bewunderern und Schülern. Nur ein sehr
einfacher Mann, der ihn während seiner Krankheit versorgte,
war dabei, als er starb. Die Schüler waren begierig zu erfahren,
was für ein Erbe an tiefen Gedanken der große Gelehrte in seinen letzten Stunden dargelegt hatte, und fragten den Aufwärter.
Den ganzen Abend, so erzählte ihnen dieser, hat er versucht,
mich davon zu überzeugen, daß ich keine Angst haben müsse,
die ganze Nacht allein bei einem Toten zu verbringen.[3]

Für diese Menschen war Judentum mehr als eine Reihe von
Glaubenssätzen und Riten, mehr als das, was man in Lehren und
Regeln zusammenpressen kann. Jüdischsein war nicht in der
Frucht, sondern im Saft, der durch das Gewebe des Baumes rann.
Geboren in der Stille des Erdbodens, stieg er in die Blätter, um in
der Frucht sichtbar zu werden. Jüdischsein war nicht nur die ein-
zige Wahrheit; es war Vitalität, Freude; für manche die einzige
Freude. Die majestätische Geistigkeit des *Schema Israel*[4] bedeu-
tete, in die Sprache ihrer Herzen übersetzt: »Es ist eine Freude,
Jude zu sein.«

Die osteuropäischen Juden hatten einen gemeinsamen Willen
und eine gemeinsame Bestimmung. Sie waren nicht nur eine gesellschaftliche Gruppe, sondern eine Gemeinschaft voller Farbe
und Gegensätze, einheitlich nur in ihrer Verschiedenheit. Die Ju-

3 Der Leichnam eines Verstorbenen wurde bis zu seiner Beerdigung nie allein gelas-
sen, und abergläubische Menschen fürchteten sich, nachts mit einer Leiche allein zu
sein. Diese Episode wurde Professor Saul Lieberman von Rabbi N.N. Finkel erzählt, der
sie von dem Aufwärter hatte.
4 Das Glaubensbekenntnis, das zweimal täglich gesprochen wird: »Höre, Israel, der
Herr ist unser Gott, der Herr ist Einer« (Dtn 6,4).

den waren wie ein Land mit vielen Provinzen – Litwaks[5], Bessarabier, Ukrainer und Galizier, Chassidim, Mitnagdim[6], Maskilim, Habadniken[7], Zionisten, Agudisten[8] und Sozialisten – eine Sprache mit vielen Dialekten. Die gesellschaftliche Existenz war vielschichtig, oft von zentrifugalen Kräften beherrscht, aber es gab ein gemeinsames Zentrum und meist auch eine gemeinsame Peripherie. Es gab genug gesellschaftliche Dynamik, um besondere Gruppierungen entstehen zu lassen. Chassidim, Anhänger eines bestimmten Rebbe[9], bildeten, selbst wenn sie in verschiedenen Städten wohnten und verschiedenen wirtschaftlichen Schichten angehörten, eine Gruppe mit eigenen Lebensgewohnheiten, mit Besonderheiten in Denken, Sprechen und Gestik, mit Gebräuchen und Interessen, die zeitweise so stark waren, daß sie sogar den gesellschaftlichen und ökonomischen Status der Mitglieder der Gruppe beeinflußten. Umgekehrt prägten ökonomische Unterschiede oft die religiösen Institutionen. Handwerker eines bestimmten Berufes errichteten ihre eigenen Bethäuser und machten sich unabhängig von der Gemeindesynagoge.

5 Litauische Juden
6 Die Gegner der Chassidim
7 Eine Schule innerhalb der chassidischen Bewegung, gegründet von Rabbi Schne'ur Zalman aus Ladi
8 Mitglieder einer politischen Organisation orthodoxer Juden
9 Titel eines chassidischen Führers

3

Die zwei großen Traditionen

In den vergangenen tausend Jahren blühten zwei Haupttraditionen in der Judenheit; sie entsprachen den zwei Gruppen, die nacheinander die geistige Vorherrschaft hatten: zuerst die spanisch-sephardische und in der späteren Zeit die aschkenasische.

Die sephardische Gruppe setzt sich aus den Nachkommen der Juden zusammen, die sich während der mohammedanischen Zeit auf der iberischen Halbinsel niederließen. Spanien heißt im Hebräischen *sephard*, daher wurden diese Juden *Sephardim* genannt. Sie wurden gezwungen auszuwandern und später, im 15. Jahrhundert, aus Spanien und Portugal vertrieben. Diese Juden siedelten sich weitgehend an den Küsten des Mittelmeers und in Holland, England und deren Schutzgebieten an.

Die aschkenasische Gemeinschaft umfaßt die Abkömmlinge der Juden, die aus Babylon und Palästina auf die Balkanhalbinsel und nach Mittel- und Osteuropa kamen und seit dem späten Mittelalter deutsch oder jiddisch sprachen. Sie heißen aschkenasische Juden nach dem hebräischen Wort *aschkenas*, das »deutsch« bedeutet.

Bis zum 19. Jahrhundert bildeten alle aschkenasischen Juden, die in einem Gebiet lebten, das vom Rhein bis zum Dnjepr und von der Ostsee bis zum Schwarzen Meer reichte, und auch noch in einigen Nachbargebieten, eine kulturell einheitliche Gruppe. Mittelpunkt dieser kulturellen Epoche war Raschi, der größte Kommentator von Bibel und Talmud, und Rabbi Jehuda der Fromme und sein Kreis. Die spirituelle Entwicklung der aschkenasischen Epoche erreichte ihren Höhepunkt in Osteuropa, insbesondere durch die Ausbreitung der chassidischen Bewegung. Heute bilden die Aschkenasim die überwiegende Mehrheit unseres Volkes.

Den Juden der iberischen Halbinsel verdanken wir die frühe glänzende Epoche in der jüdischen Geschichte; sie zeichnete sich nicht nur durch gewaltige wissenschaftliche Leistungen aus, sondern auch durch geistige Universalität. Ihre Leistung war in mancher Hinsicht eine Synthese von jüdischer Tradition und muslimischer Zivilisation.

Das geistige Erbe der Juden in Spanien wurde von ihrer Umgebung tief beeinflußt. Literarische Formen, wissenschaftliche Methoden, philosophische Kategorien und sogar theologische Grundsätze wurden oft von den Arabern übernommen. Jüdische Autoren, die in ihrem Denken und Schreiben von fremden Vorbildern angeregt und befruchtet wurden, waren bereit, die grundsätzliche Übereinstimmung zwischen den Lehren ihres Glaubens und den Theorien der großen nicht-jüdischen Denker zu betonen. Ja, sie haben oft die Elemente, die das Judentum mit der klassischen Philosophie gemeinsam hat, so stark betont, daß sie versäumten, dessen eigene, besondere Züge aufzuzeigen. Sie waren der ständigen Herausforderung und den Angriffen durch Mitglieder anderer Bekenntnisse ausgesetzt und fühlten sich genötigt, die Grundsätze ihres Glaubens zu erörtern und zu verteidigen.

Das geistliche Leben der Juden in der aschkenasischen Periode spielte sich in der Isolation ab. Folglich wuchs es auf seinen eigenen uralten Wurzeln und entwickelte sich in einheimischer Umgebung, unabhängig von den Strömungen und Konventionen der sie umgebenden Welt. Da der Bildungsstand der Juden höher war als der ihrer durchschnittlichen deutschen und slawischen Nachbarn, entwickelten sie einzigartige kulturelle Modelle im Denken und Schreiben, in ihrem Gemeinschaftsleben und im persönlichen Lebensstil. Sie hielten hartnäckig an ihren eigenen Traditionen fest; sie konzentrierten sich auf die Pflege dessen, was am meisten ihr eigen, was ganz spezifisch und persönlich war. Sie übernahmen weder Inhalt noch Form von anderen Kulturen. Was sie schrieben, war Literatur von Juden über Juden für Juden. Sie rechtfertigten sich vor niemandem, weder vor Philosophen noch vor Theologen, und sie suchten weder bei Fürst noch Schriftsteller nach Beifall. Sie empfanden nicht die Notwendigkeit, sich mit irgend jemandem zu vergleichen, und verschwendeten keine Energie auf die Zurückweisung der Ansichten ihrer Gegner.

Dort in Osteuropa kam das jüdische Volk zu seinem Recht. Es lebte nicht als Gast im Haus eines anderen, wo es ständig auf Sitten und Gebräuche des Gastgebers Rücksicht nehmen mußte. Die Juden lebten dort ohne Beschränkungen und ohne Tarnung, außerhalb ihrer Häuser nicht weniger als innerhalb. Wenn sie in ihren Kommentaren zum Talmud den Satz schrieben: »Die Welt fragt«, so meinten sie damit nicht Aristoteles oder Averroes. Die Schüler, die mit ihnen Tora studierten, waren für sie »die Welt«.

Die Kultur der spanisch-sephardischen Juden wurde von einer Elite gestaltet; sie kam von oben und wurde von der archaischen Einfachheit, der phantasievollen Naivität und der unberührten Natürlichkeit der schlichten Massen kaum berührt.

In Spanien empfingen jüdische Gelehrte Anregung von der klassischen Philosophie und Wissenschaft. Häufig nahmen sie arabische Poesie und griechische Ethik zum Vorbild. Jüdische Gelehrte waren in theoretische Untersuchungen vertieft; ihre Bücher waren häufig nur für begrenzte Kreise oder sogar nur für Einzelpersonen bestimmt. Ihr Standpunkt war aristokratisch. Oft waren ihre Gedichte in einem so komplizierten und geschraubten Hebräisch geschrieben, daß nur der Gebildete sie genießen konnte. Unter dem Einfluß von arabischer Metrik und Rhetorik wich der angestammte Genius des Hebräischen mit seiner Keuschheit, seiner Schlichtheit, Klarheit und Stärke einer arabesken Manier. Schriftsteller fanden Vergnügen an phantasievollen schmückenden Bildern, die die Phantasie des Kenners erfreuen, aber nicht das Gefühl gefangennehmen. Wörter wurden in phantastischen Kombinationen zusammengestellt und verwendet, um die Fassade eines Satzes zu schmücken. Und in Büchern, die aus dem Arabischen übersetzt waren, wurde das Hebräisch gewöhnlich den Wendungen des arabischen Originals angepaßt.

Auf den Lippen der aschkenasischen Juden jedoch wurde das Hebräisch von den goldenen Ketten einer schwierigen Rhetorik befreit und wurde so einfach und natürlich wie das Hebräisch der Verfasser des Midrasch in den frühen Jahrhunderten. Dies Hebräisch war nicht wie ein festlicher orientalischer Teppich, den man gemessenen Schrittes betritt, sondern wie ein weicher *tallit*[1], ein Gebetsschal, der zugleich heilig und alltäglich ist, in den man sich einhüllen kann und in dem man allein sein kann mit seinem Gott. Die Aschkenasim schrieben keine *pijjutim*[2], jene weitschweifigen und oft komplizierten liturgischen Gedichte, die die sephardischen Autoren liebten. Sie schrieben meist *selichot*[3], einfache Bußgebete und Klagelieder. Sie nahmen ihren Stil von der schlichten Prosa talmudischer Aussprüche und nicht von der erhabenen Rhetorik der Propheten. Das Donnergrollen des Buches Hiob findet sich nicht in ihren Schriften. Andere Rhythmen und Töne herrschen vor. Das Hebräisch der aschkenasischen Bücher über Ethik oder Frömmigkeit war gesättigt mit der Trauer, der Sehnsucht und der Zerknirschung des Psalmenbuches.

Die osteuropäischen Juden schufen auch ihre eigene Sprache,

1 Ein rechteckiger Gebetsschal mit Fransen *(zizit)* an den vier Ecken
2 Synagogendichtung aus dem Mittelalter, die im Gottesdienst gesprochen wurde
3 Bußgebete, die an Fasttagen und nach Mitternacht oder am frühen Morgen während der Bußzeit gesprochen wurden

das Jiddische, geboren aus dem Willen, die schrecklichen Schwierigkeiten der heiligen Literatur zu vereinfachen, zu erklären und einsichtig zu machen. So entstand spontan eine Muttersprache, ein direkter Ausdruck der Gefühle, eine Sprechweise ohne Umschweife oder Künstelei, eine Sprache, die man sprechen kann, ohne Umwege zu machen, eine Sprache, die mütterliche Innigkeit und Wärme hat. In dieser Sprache sagt man »Schönheit« und meint »Spiritualität«, man sagt »Güte« und meint »Heiligkeit«. Wenige Sprachen können so einfach und direkt gesprochen werden; aber es gibt auch nur wenige Sprachen, die sich so wenig zur Falschheit eignen. Kein Wunder, daß Rabbi Nachman von Bratslaw[4] manchmal Jiddisch wählte, um sein Herz auszuschütten und sein Sehnen vor Gott zu bringen. Die Juden haben, seit sie ins Exil gingen, viele Sprachen gesprochen; dies war die einzige, die sie »Jüdisch« nannten.

In der sephardischen Zeit war jedes Buch oder Manuskript eine seltene Kostbarkeit. Wenige Gemeinden waren so glücklich, Kopien von allen sechs Ordnungen des Talmud zu besitzen. In der aschkenasischen Zeit verfügten die Juden über alle Texte; sie machten reichlich von der Druckerkunst Gebrauch; ständig wurden Bücher veröffentlicht. Die Pforten zur Tora wurden geöffnet. Jede Gemeinde hatte den Talmud und den Gesetzeskodex, den *Schulchan Aruch*[5], die Gesetzessammlung des Maimonides und das klassische Werk der jüdischen Mystik, den *Sohar*.[6]

Viele spanische Juden besaßen ein umfangreiches säkulares Wissen. Ihre eigenen Leistungen auf dem Gebiet der Medizin, der Mathematik und Astronomie trugen wesentlich zum Fortschritt der europäischen Zivilisation bei, und durch ihre Übersetzungen naturwissenschaftlicher und philosophischer Werke aus dem Arabischen ins Lateinische dienten sie als kulturelle Mittler und

4 Ein berühmter Führer der Chassidim
5 »Der gedeckte Tisch«, das maßgebende Buch zum jüdischen Gesetz, im 16. Jh. von Rabbi Joseph Caro kodifiziert
6 »Buch des Glanzes« oder »der Herrlichkeit«, das wichtigste Werk über jüdische Mystik, geschrieben in Form eines Kommentars zum Pentateuch

machten den europäischen Völkern die Schätze der Literatur und Wissenschaft zugänglich, die sich zu jener Zeit in der Obhut der Araber befanden.

Andererseits scheint die Kenntnis der jüdischen Lehre unter den spanischen Juden nicht weit verbreitet gewesen zu sein. Es war für die jungen Leute nicht selbstverständlich, sich ausschließlich dem Studium der Tora zu widmen. Die Erziehungsprogramme für die jüdischen Schulen hatten nur bescheidene Ziele. Der gefeierte Dichter und Metaphysiker Rabbi Solomon Ibn Gabirol beklagte, daß das Volk die heilige Sprache nicht verstehe. Rabbi Solomon Parhon, ein Grammatiker und Schüler von Rabbi Jehuda Halevi, schrieb: »In unserem Land (Spanien) ist die hebräische Sprache den Leuten nicht sehr geläufig«, während die aschkenasischen Juden »gewöhnt sind, in Hebräisch zu denken und zu sprechen«. Viele sephardische Autoren schrieben weitgehend in Arabisch; selbst Bücher, die sich mit Fragen des jüdischen Rituals, Homilien über die Bibel oder Kommentaren zum Talmud befaßten, wurden in Arabisch geschrieben. Für einen aschkenasischen Autor wäre es demgegenüber unvorstellbar gewesen, seine Werke in einer fremden Sprache zu schreiben.

Sephardische Bücher zeichnen sich durch ihren streng logischen Aufbau aus. Sie sind nach einem klaren Plan verfaßt, jedes Detail hat seinen zugewiesenen Platz; die Übergänge von einem Gegenstand zum anderen sind klar und einfach. Aschkenasische Schriftsteller verzichten auf Klarheit zugunsten der Tiefe. Die Umrisse ihrer Gedanken sind nicht einheitlich, sondern vage und oft verwirrend unklar: Der Inhalt ist ruhelos, von inneren Kämpfen und einer Art barocker Emotion bewegt.

Sephardische Bücher sind wie raphaelische Gemälde, aschkenasische Bücher wie Werke von Rembrandt – tief, voller Anspielungen und verborgener Bedeutungen. Erstere lieben die Harmonie eines Systems, letztere die dialektische Spannung; erstere werden von ausgewogener Feierlichkeit getragen, letztere von spontaner Eingebung. Die Stärke der sephardischen Gelehrten liegt in ihrem meisterhaften Ausdruck, die der Aschkenasim in den unausgesprochenen Untertönen ihrer Worte. Elementares Gefühl, leidenschaftlicher Gedankenflug, explosiver Enthusiasmus pflegt die Form zu durchbrechen.

Sephardische Bücher sind wie sauber getrimmte und gepflegte Parkanlagen, aschkenasische Schriften wie uralte verzauberte Wälder; erstere sind wie eine Geschichte mit einem Anfang und einem Ende, letztere haben zwar einen Anfang, werden aber häufig zu einer Geschichte ohne Ende.

Die berühmten, peinlich genauen Grammatiker der hebräischen Sprache kamen aus den Reihen der Sephardim; das Interesse der Aschkenasim lag mehr bei einer scharfsinnigen Gematrie – der Kunst herauszufinden, welche Hinweise man glaubte in den Zahlenwerten der Buchstaben der Heiligen Schrift zu entdecken – als bei durchsichtigen, nüchternen grammatischen Formen. In späterer Zeit verschwand die kritische wörtliche Exegese der Schrift fast völlig.

Den Sephardim lag außerordentlich daran, das spirituelle Erbe der Juden zu bewahren, und sie waren unübertroffene Meister im Systematisieren, Sammeln und Kodifizieren der zerstreuten, vielfältigen Schätze jüdischer Wissenschaft, die sich im Laufe vergangener Jahrhunderte angesammelt hatten. Die Aschkenasim waren weniger eifrig im Sammeln als im Erklären; sie suchten nach tieferer Bedeutung; für sie war die treibende Kraft nicht, zu wissen und im Gedächtnis zu speichern, sondern zu entdecken und zu verstehen. Nicht die endgültige Entscheidung war wichtig, sondern die Schritte der logischen Schlußfolgerung, durch die jene erreicht wurde.

In dem Gesetzeskodex *Mischne Tora*, der von dem größten sephardischen Meister Maimonides (1135–1204) verfaßt wurde, ist der Stoff nach logischen Gesichtspunkten angeordnet; der Strom der Gesetze und Vorschriften ist in ein abstraktes System umgewandelt. In den vier *Turim*[7], die von dem aschkenasischen

---

7 Ein jüdischer Gesetzeskodex aus dem 14. Jh.

Rabbiner Jacob, Sohn des Rosch (14. Jh.), zusammengestellt wurden und die Grundlage für den *Schulchan Aruch* bildeten, werden die Gesetze dem Tageslauf eines jeden Juden entsprechend angeordnet, mit seinem Aufstehen am Morgen beginnend und mit dem Nachtgebet, dem *Schema*, endend. Das System des Maimonides ist logisch, aber die *Arba Turim* sind ein Spiegel, der das Leben zeigt, wie es ist.

In Osteuropa wurden keine klassischen Bücher geschrieben. *Talmud, Mischne Tora, More Newuchim*[8], *Sohar* und *Ez Chajim*[9] entstanden in anderen Ländern. Die osteuropäischen Juden hatten nicht den Ehrgeiz, perfekte, eindeutige Ausdrucksformen zu schaffen. Und weil ihre Bücher in ihrer Zeit und an ihrem Ort zu Hause und in einer selbstgenügsamen Welt verwurzelt waren, sind sie für uns Moderne weniger zugänglich als die der sephardischen Autoren. Den Aschkenasim lag nicht daran, Literatur zu schreiben; ihre Werke lesen sich wie kurze Vorlesungsnotizen. Sie waren das Ergebnis von Diskussionen mit Schülern, nicht das reiner Forschung. Die Aschkenasim verfaßten selten Bücher, die wie freistehende Gebäude auf eigenem Fundament stehen, Bücher, die sich nicht auf ältere Werke stützen. Sie schrieben Kommentare oder Anmerkungen zu klassischen Werken alter Zeit, Bücher, die sich bescheiden an die monumentalen Mauern alter Zitadellen anklammern.

Die Sephardim strebten nach persönlicher Vollkommenheit und versuchten, ihre Ideale rational auszudrücken. Sie strebten nach Heiterkeit der Seele, innerem Frieden und Zufriedenheit. Ihre Ethik war zeitweise bürgerlich, voller Lebensklugheit und praktischer Weisheit. »Der goldenen Regel folgen«, »den mittleren Weg gehen«, »Extreme vermeiden« waren ihre beliebtesten Grundsätze. Die *Kabbala*[10] blieb ein Streben weniger; im Gegen-

8 »Der Führer der Verwirrten«, das Werk des Maimonides über die Philosophie des Judentums
9 »Der Baum des Lebens«, ein Werk über die mystische Lehre des Rabbi Isaac Luria, geschrieben von seinem Schüler Rabbi Chajim Vital (1543–1620)
10 Jüdische Mystik

satz zur Situation in Osteuropa wurde das Leben des Volkes in der sephardischen Gemeinde kaum von den kühnen mystischen Lehren einiger seiner Rabbinen berührt.

Die aschkenasische Ethik auf der anderen Seite kannte keine Vollkommenheit, die bestimmbar war; sie hatte das Unbegrenzte im Auge, niemals kompromißbereit, niemals zufrieden, immer strebend – »suche Höheres als das«. Der aschkenasische Gerechte oder Chassid war verzückt; er sehnte sich nach dem Transzendenten, dem Übernatürlichen. Er spürte irgendwie, daß nicht nur der Raum, sondern auch die Seele unendlich war. Heitere Kontemplation, schrittweiser Anstieg war nichts für ihn. Was er suchte, war grenzenlose Hingabe, Beten und Lernen ohne Grenze und Ende. Denn obwohl der Suchende sich in ständigem Kampf mit dem Stoff befindet und endlich ist und sich selbst auf die Dauer nicht entfliehen kann, kann er zumindest doch anstreben, in kurzen Augenblicken der Ekstase alle irdischen Sorgen abzulegen.

Was die sephardische Kultur von der aschkenasischen unterscheidet, ist aber in erster Linie der Unterschied in der Form, nicht die Verschiedenheit des Inhalts. Diesen Unterschied kann man nicht mit den Kategorien Rationalismus versus Mystizismus beschreiben oder spekulative versus intuitive Geisteshaltung. Der Unterschied geht über diese Begriffe hinaus und könnte genauer beschrieben werden als Unterschied zwischen einer statischen Form, in der Spontaneität einer strengen abstrakten Ordnung unterworfen ist, und einer dynamischen Form, die den Inhalt nicht zwingt, sich dem bereits Bestehenden anzupassen. Die dynamische Form wird subtiler und unmittelbarer erreicht. Es bleibt Raum für den Ausbruch, die Überraschung, das Unmittelbare. Das Innerliche zählt unendlich viel mehr als das Äußerliche.

Die Verschiedenartigkeit der sephardischen und aschkenasischen Kultur verschwand nicht mit der tragischen Vertreibung aus Spanien im Jahre 1492. Die Eigenart der Sephardim, ihr Bemühen um Maß, Ordnung und Harmonie, und die Eigenart der Aschkenasim mit ihrer Bevorzugung von Spontaneität und Dynamik können bis in die Moderne nachgewiesen werden. Die Sephardim hielten an ihrer Unabhängigkeit in bezug auf Gebräuche und Denken fest und weigerten sich, sich anzupassen. In ihrer Isolation verbanden sie eine strenge Loyalität zu ihrem Erbe mit dem Gefühl des Stolzes auf den Glanz ihrer Vergangenheit. Ihre Synagogengottesdienste waren wie stumme Spiegel der uralten Riten. Spontaneität wurde gezähmt, Unziemliches eliminiert. Aber dies dauernde Beschneiden der Sprosse führte oft dazu, jeden unerwarteten Trieb der Wurzeln zu unterdrücken. Der aschkenasische Jude auf der anderen Seite blieb bei seiner Abneigung, das Fließende in feste Formen zu zwingen. Nicht so sehr das Gefühl für Ausgewogenheit als das Gefühl für das Unermeßliche hielt ihn spirituell lebendig, und er war nicht bereit, den Ermahnungen der wenigen systematisch denkenden Gelehrten in seiner Mitte nachzugeben. Die Leidenschaft für das Grenzenlose konnte nicht durch Rücksicht auf Proportion und Maß gezähmt werden.

Vieles von dem, was die Sephardim geschaffen haben, wurde von den Aschkenasim übernommen und umgeformt. Unter dem Einfluß der Chassidim verloren die üppigen, aber schwerfälligen Spekulationen der sephardischen Mystiker ihre spannungsvollen und strengen Züge, ohne dabei an Tiefe oder Ernst einzubüßen. Die erhabenen und hochentwickelten Lehren der Kabbala wurden in Gedanken umgemünzt, die das Herz verstehen konnte.

In der Neuzeit wurde die sephardische Geisteshaltung in gewissem Sinne von Spinoza repräsentiert. Er verdankte in der Tat viele Elemente seines Systems der mittelalterlichen sephardischen Philosophie; und obwohl er ihre Hauptbestrebungen ablehnte, trieb er einige Tendenzen, die dieser Tradition innewohnten, ins Extrem. Sein aristokratischer Intellektualismus

30

führte ihn z.B. dazu, scharf zwischen der Frömmigkeit und Moral des Volkes und dem spekulativen Wissen der wenigen zu unterscheiden. Gott wird als Prinzip von mathematischer Notwendigkeit vorgestellt, eine Art logische Schale, in der alle Dinge existieren; logisches Denken alleine schon kann die Menschen in Beziehung zu Gott bringen. Jede Art von persönlicher Beziehung ist ausgeschlossen. Es ist bemerkenswert, wie begrenzt der Einfluß von Spinozas Philosophie selbst auf jene jüdischen Denker war, die die religiöse Tradition verlassen hatten.

Weil die Ideale der aschkenasischen Juden von allen geteilt wurden, waren die Beziehungen zwischen den verschiedenen Teilen der Gemeinde – dem Gelehrten und dem Unwissenden, dem Jeschiwastudenten[11] und dem Händler – organisch gewachsen und intim. Die Erdverbundenheit der Dorfbewohner, die Wärme des einfachen Volkes und die spirituelle Schlichtheit der *maggidim* oder Laienprediger drang in das *bet HaMidrasch*, das Haus des Gebetes, ein, das auch ein Haus des Studierens und Lernens war. Arbeiter, Bauern, Träger, Handwerker, Kaufleute, alle waren Partner bei der Tora. Die *maggidim* – der Ausdruck stammt wahrscheinlich aus Osteuropa – bewarben sich nicht um irgendwelche Diplome. Sie fühlten sich von Gott autorisiert, Sittenlehrer zu sein.

Hier im aschkenasischen Bereich wurde die Verschmelzung von Tora und Israel vollendet. Ideale wurden Volksbräuche, göttliche Befehle menschliches Anliegen; das Volk selbst wurde zur Quelle des Judentums, zur Quelle des Geistes. Das am fernsten Liegende wurde sehr intim, sehr nah. Ganz spontan, ohne äußeren Anlaß schuf das Volk Gebräuche von himmlischer Feierlichkeit. Sie beachteten die Vorschriften ihrer eigenen Erkenntnis als Gebote von höchster Autorität. Juden fingen an, die Bedeutung des Wortes zu erkennen: »In meinem Fleisch sehe ich den Herrn«.[12]

---

11 Eine höhere Schule für Talmudstudium
12 Hiob 19,26

4

Für das Volk

Ein unschätzbarer Faktor in der Entwicklung der aschkenasischen Judenheit war die Demokratisierung des Talmudstudiums in einem bisher unbekannten Ausmaß.

In den ersten fünf Jahrhunderten nach der Fertigstellung des Talmud[1] bestimmten die babylonischen Akademien das Leben der Juden. Die Juden aller Länder waren gewöhnt, bei allen wirklich schwierigen Problemen die *Geonim* zu befragen, die berühmten Vorsteher der Akademien von Sura und Pumbedita.[2] Wann immer sie auf eine unsichere oder dunkle Stelle im Talmud stießen oder auf eine diskussionswürdige Frage des Gesetzes oder ein Problem des Glaubens, pflegten sie ihre Frage nach Babylon zu senden. Die Entscheidungen, Regeln und Interpretationen jener hervorragenden Gelehrten waren maßgeblich und unentbehrlich.

Erst mit dem 12. Jahrhundert fing der Westen an, sich zu emanzipieren. In jener Zeit haben zwei epochemachende literarische Ereignisse die geistigen Bedingungen des jüdischen Lernens gewandelt: Raschi verfaßte seinen zusammenfassenden Kommentar zum Talmud, und Maimonides veröffentlichte seinen Kodex

---

1 Die Sammlung der jüdischen Gesetze, Legenden und Gedanken; sie umfassen die Mischna – den Text – und die Gemara – den Kommentar. Sie wurde im 5. Jh. abgeschlossen.
2 Stadt in Babylonien

des jüdischen Gesetzes. Sie machten die jüdischen Massen von den Geonim unabhängig, so daß deren Amt allmählich verfiel. Es war nicht mehr nötig, Fragen auch Babylon zu überweisen. Maimonides schuf zum ersten Mal ein Kompendium, das den gesamten Bereich des Gesetzes abdeckte, ein Meisterwerk im Aufbau, unübertroffen an Tiefe der Entscheidungen und Folgerungen, genial in der Kürze und Schlichtheit des Stils, das in brillanter Weise Argumentation und Dialektik wegließ.

Aber es war vor allem Raschi, der dem Volk intellektuelle Emanzipation brachte. Ohne Kommentar ist die Hebräische Bibel und insbesondere der Talmud nur wenigen Eingeweihten zugänglich. Die alten Kommentare boten Interpretationen von einzelnen Stellen und waren im wesentlichen auf Einzelabschnitte des Talmud begrenzt. Raschis Kommentar erklärt mit hervorragender Einfachheit fast jedes Wort des ungeheuren Textes, entwirrt die komplizierten Zusammenhänge talmudischer Dialektik und ist ein treuer Begleiter, der den Studenten betreut, zu welchen Textstellen dieser sich auch wenden mag. Demütig und unaufdringlich redet er mit dem Studenten und vermittelt mit einem Minimum an Worten ein Maximum an Bedeutung. Mit Hilfe eines kurzen Satzes oder sogar eines Wortes beleuchtet er häufig, was tiefstes Dunkel zu sein scheint. Statt abstrakter Abhandlungen über Grundsätze, Methoden und rechtliche Entscheidungen erklärt er nur, was den Studenten unmittelbar beschäftigt, die Bedeutung eines Ausdrucks, die Folgerung aus einer Aussage, den Kernpunkt eines komplizierten Arguments.

Raschi hat die jüdische Bildung demokratisiert; er brachte dem Volk die Bibel, den Talmud und den Midrasch[3]. Er machte den Talmud zu einem populären Buch, zu einem Buch für jedermann. Lernen hörte auf, das Monopol einiger weniger zu sein. Es breitete sich im Laufe der Zeit immer weiter aus. Die Ungebildeten wurden in vielen Gemeinden die seltene Ausnahme.

---

3 Werke mit Erklärungen zur Bibel, während des ersten Jahrtausends entstanden

In fast jedem jüdischen Haus in Osteuropa, selbst in dem bescheidensten und ärmsten, stand ein Bücherschrank voller Bücher, stolze und stattliche Folianten neben anspruchslosen kleinen Bändchen. Bücher waren weder eine Zuflucht für die Enttäuschten noch ein Mittel zur gelegentlichen Erbauung. Sie waren Schmelzöfen lebendiger Kraft, dauerhafte Gefäße für die ewig gültigen Münzen des Geistes. Fast jeder Jude widmete einen Teil seiner Zeit dem Lernen, entweder in privatem Studium oder indem er sich einer der Vereinigungen anschloß, die für das Studium des Talmud oder eines anderen Zweigs der rabbinischen Literatur gegründet wurden. Für manche war es unmöglich zu beten, wenn sie sich nicht vorher dadurch erfrischt hatten, daß sie einige Zeit in der erhabenen Atmosphäre der Tora[4] verbracht hatten. Andere pflegten nach dem Morgengebet eine Stunde mit ihren Büchern zu verbringen, bevor sie an die Arbeit gingen. Wenn der Abend kam, ließ fast jeder den Lärm und die Hetze des Alltags hinter sich, um im *Bet HaMidrasch* zu studieren. Dennoch fühlten sich die Juden nicht als »Volk des Buches«. Sie hatten nicht das Gefühl, das sie das »Buch« besaßen, ebensowenig wie man das Gefühl hat, das Leben zu besitzen. Das Buch, die Tora, war ihr Wesen, so wie sie, die Juden, das Wesen der Tora waren.

Eine typisch jüdische Stadt in Osteuropa war »ein Ort, wo die Tora seit undenklichen Zeiten studiert wird, wo praktisch alle Einwohner Gelehrte sind, wo die Synagoge oder das Lehrhaus voll von Menschen aller Schichten ist, die eifrig studieren, Leute aus der Stadt ebenso wie junge Männer von auswärts . . ., wo in der Dämmerung zwischen Zwielicht und Abendgebet Handwerker und andere einfache Leute sich um die Tische versammeln, um einem Gespräch über die großen Bücher der Tora zu lauschen oder Interpretationen der Heiligen Schrift oder Lesungen aus theologischen, homiletischen oder ethischen Schriften wie

---

4   Göttliche Unterweisung oder Leitung; Heilige Schrift; jüdische Überlieferung

Howot HaLewawot[5] und ähnliche . . ., wo am Sabbat und an Feiertagen in der Nähe des heiligen Schreins am Lesepult mitreißende Predigten gehalten werden, die in den Herzen des jüdischen Volkes die Liebe zu Gottes Gegenwart entzünden, Predigten, die belebt sind mit Trostworten aus den Propheten, mit klugen Gleichnissen und kühnen Aphorismen der Weisen, vorgetragen in einer Stimme und einem Ton, der der Seele Mut macht und alle Glieder entspannt und das ganze Sein durchdringt.«[6]
Arme Juden, deren Kinder nichts anderes kannten als »Kartoffeln am Sonntag, Kartoffeln am Montag, Kartoffeln am Dienstag«, saßen dort wie Geistesgrößen. Sie besaßen ganze Schätze des Denkens, einen Reichtum an Erkenntnis, an Ideen und Aussprüchen aus vielen Zeitaltern. Wenn ein Problem aufkam, sammelte sich sofort eine Menge Leute, die Meinungen, Argumente und Zitate hervorsprudelten. Einer stellte z.B. eine Frage zu einer kontroversen Stelle im Werk des Maimonides, und viele wetteiferten miteinander in dem Versuch, sie zu erklären, und übertrafen einander in der Feinheit der dialektischen Unterscheidungen oder in der Zitierung abgelegener Quellen. Der Magen war leer, die Häuser kahl, aber der Geist war übervoll vom Reichtum der Tora.

5   »Die Pflichten des Herzens«, ein Werk über jüdische Frömmigkeit von Rabbi Bachja Ibn Pakuda aus dem 11. Jh.
6   Zitat aus »Schloime Reb Chajims« von Mendele Moher Sefarim, einem der großen hebräischen und jiddischen Schriftsteller

5

Der »Luxus« des Lernens

Es gab viele, die in erschreckender Armut lebten, viele, die von nie endenden Sorgen geplagt wurden, und es gab viele Gasthäuser mit starken Getränken. Aber man sah selten Betrunkene unter den Juden. Wenn der Abend kam und ein Mann sich die Zeit vertreiben wollte, eilte er nicht in ein Wirtshaus, um zu trinken, sondern ging, um über einem Buch zu brüten oder sich einer Gruppe anzuschließen, die – mit oder ohne Lehrer – in dem Genuß schwelgte, verehrte Bücher zu studieren. Körperlich erschöpft von der Mühsal des Tages, saßen sie über geöffneten Bänden und spielten die herbe Musik vom Ringen des Talmud nach Wahrheit oder die süßen Melodien der beispielhaften Frömmigkeit alter Weiser.

»Einmal beobachtete ich«, schreibt ein christlicher Gelehrter, der Warschau während des Ersten Weltkriegs besuchte, »eine große Anzahl Kutschen auf einem Parkplatz, aber kein Fahrer war zu sehen. In meinem eigenen Land hätte ich gewußt, wo sie zu suchen waren. Ein kleiner jüdischer Junge zeigte mir den Weg: In einem Hof war im zweiten Obergeschoß das *Schtibl* der jüdischen Kutscher. Es bestand aus zwei Räumen; der eine war voller Talmudbände, der andere war ein Gebetsraum. Alle Kutscher waren mit eifrigem Studieren und religiösen Diskussionen be-

schäftigt. . . . Ich fand dann heraus und wurde überzeugt, daß alle
Berufe, die Bäcker, die Metzger, die Schuhmacher usw., ihr eigenes *Schtibl* im jüdischen Bezirk haben, und jeder freie Augenblick, den sie ihrer Arbeit entziehen können, ist dem Studium
der Tora gewidmet. Und wenn sie in vertrauten Gruppen zusam-
menkommen, bittet einer den anderen: ›Sog mir a stikl Tora –
Sag mir ein Stückchen Tora‹.«
Ein altes Buch aus einer der zahllosen Bibliotheken, die in Europa verbrannt wurden, das sich jetzt in der Yivo[1]-Bibliothek in
New York befindet, trägt den Stempel »Die Gesellschaft der
Holzhacker für das Studium der Mischna[2] in Berditschew«.

Sie waren Leute, deren volkstümlichstes Wiegenlied lautete:
»Die Tora ist das höchste Gut«. Mütter sangen an den Wiegen:
»Mein Kleiner, schließ die Augen; wenn Gott will, wirst du ein
Rabbi«. Der Staat mußte die Juden nicht zwingen, ihre Kinder
zur Schule zu schicken. Josua hatte den Kindern Israel befohlen,
»Tag und Nacht« Tora zu studieren.
Bei der Geburt eines Kindes pflegten die Schulkinder zu kom-
men und an der Wiege gemeinsam das *Schema Israel* zu singen.
Wenn das Kind zum ersten Mal zum *cheder*[3] gebracht wurde,
hüllte man es in einen Gebetsmantel ein wie eine Schriftrolle.
Schuljungen wurden »die heilige Herde« genannt, und der zärt-
lichste Kosename einer Mutter für ihren Sohn war »mein kleiner
Zaddik« – mein kleiner Heiliger. Eltern waren bereit, das Kissen
unter dem Kopf weg zu verkaufen, um eine Ausbildung für ihre
Kinder bezahlen zu können; ein wenig gebildeter Vater wollte
zumindest seine Kinder zu Gelehrten machen. Frauen schufte-
ten Tag und Nacht, um ihren Männern zu ermöglichen, sich dem
Studium hinzugeben. Wenn wirtschaftliche Not es den Leuten
unmöglich machte, den größten Teil ihrer Zeit der Tora zu wid-

1 Institut für jiddische Wissenschaft
2 Die frühesten Teile des Talmud, die die Grundlagen des jüdischen Gesetzes enthalten
3 Hebräische Elementarschule

men, so versuchten sie wenigstens, die Studenten zu unterstützen. Sie teilten ihr weniges Essen, um einen wandernden Studenten zu beherbergen. Und wenn der melancholisch süße Singsang des Talmudlernens vom *Bet HaMidrasch* her durch die benachbarten Straßen drang, fühlten sich erschöpfte Juden auf ihren Strohsäcken tief beglückt bei dem Gedanken, daß sie durch ihre Unterstützung einen Anteil an diesem Lernen hatten. In kleinen Städten pflegte der Synagogendiener in der Morgendämmerung von Haus zu Haus zu gehen, an die Fensterläden zu klopfen und zu singen:

Steht auf, Juden,
Liebe heil'ge Juden,
Steht auf und betet euren Schöpfer an!
Gott weilt im Exil,
die *schechina*[4] weilt im Exil,
das Volk weilt im Exil.
Steht auf, um eurem Schöpfer zu dienen!

Der Ehrgeiz eines jeden Juden war, einen Gelehrten zum Schwiegersohn zu haben; und ein Mann, der in der Tora Bescheid wußte, konnte leicht ein wohlhabendes Mädchen heiraten und *kest*[5] für ein paar Jahre oder sogar für immer erhalten und so das Glück haben, in Frieden studieren zu können. Heute sprechen wir abschätzig von dieser Sitte. Aber nur wenige Institutionen haben mehr getan, um die geistige Entwicklung breiter Volkskreise zu fördern.
Ihr Lernen war seinem Wesen nach nicht von Nützlichkeitsdenken bestimmt, fast frei von unmittelbar pragmatischen Absichten, ein ästhetisches Erlebnis. Sie stürzten sich nicht weniger eifrig auf jene Teile der Lehre, die keinerlei Bezug zum täglichen

4 »Einwohnung«. Göttliche Hypostase, die in der Welt weilt und Israels Exil teilt; Gottes Gegenwart unter den Menschen; ein Synonym für Gott
5 Der Teil der Mitgift, der das Versprechen enthielt, Essen und Wohnung für eine bestimmte Zahl von Jahren nach der Hochzeit bereitzustellen

Leben hatten, als auf solche, die sich unmittelbar damit befaßten. Losgelöst in ihrem Lernen von Interessen an weltlichen Angelegenheiten, rangen sie mit Problemen, die von den Banalitäten des normalen Lebens weit entfernt waren. Wer zu dem Zweck studierte, ein Zeugnis als Rabbiner zu erhalten, machte sich lächerlich. In den Augen dieser Menschen war Wissen kein Mittel, um Macht zu erlangen, sondern ein Weg, der Quelle alles Seins treu zu sein. In den Augen der Chassidim war Studium um der Gelehrsamkeit willen eine Entheiligung.

Das Ziel war, teilzuhaben an spiritueller Schönheit oder durch allmähliches Eindringen eine gewisse Selbstläuterung zu erreichen. Hingerissen vom volltönenden schmelzenden Singsang des Talmudlesens, schwebte der Geist hoch im Reich des reinen Denkens, fern von dieser Welt der Tatsachen und Sorgen, weg von den Grenzen des Hier und Jetzt in einem Bereich, wo die *schechina* dem lauscht, was die Menschenkinder beim Studium Seines Wortes schaffen. Heiligkeit war in ihrem Scharfsinn, der Schrei »meine Seele dürstet nach Gott, nach dem lebendigen Gott«[6] in ihrem Ringen mit der Lehre. Sie konnten den Himmel in einer Talmudstelle spüren.

Rabbi Susja[7] von Hanipol begann einst, einen Band Talmud zu studieren. Einen Tag später stellten seine Schüler fest, daß er noch auf der ersten Seite war. Sie nahmen an, daß er auf eine schwierige Stelle gestoßen sei und versuche, sie zu lösen. Aber als eine Reihe von Tagen vorüber und er immer noch in die erste Seite vertieft war, waren sie erstaunt, wagten aber nicht, den Meister zu fragen. Schließlich nahm sich einer von ihnen den Mut und fragte ihn, warum er nicht die nächste Seite vornähme. Und Rabbi Susja antwortete: »Ich fühle mich hier so wohl, warum sollte ich anderswohin gehen?«

6   Psalm 42,2
7   Ein chassidischer Führer

6

Pilpul

Sie waren ins Lernen verliebt und setzten ihr ganzes Sein an das Studium des Talmud. Ihr geistiges Bemühen wurde von brennender Leidenschaft angefacht. Es ist eine noch nicht erzählte, vielleicht nie zu vermittelnde Geschichte, wie Kopf und Herz eins werden konnten. In schwierige gesetzliche Diskussionen vertieft, konnten sie gleichzeitig den Schmerz der *schechina* fühlen, die im Exil weilt. Sie bemühten sich, eine Antinomie oder einen Widerspruch zu lösen, der von einem Kommentar des 17. Jahrhunderts zum Talmud herausgestellt wurde, und konnten im gleichen Atemzug zittern aus Mitgefühl für Israel und alle Menschen in Kummer. Studieren war eine Methode, Gefühl in Denken zu sublimieren, Träume in Syllogismen umzusetzen, Kummer auszudrücken, indem man spitzfindige theoretische Schwierigkeiten formulierte, und Freude, wenn man die Lösung für eine schwierige Stelle in Maimonides fand. Spannung der Seele fand ihren Ausdruck im Erfinden scharfsinniger, fast unlösbarer Rätsel. Sie erfanden neue logische Kunstgriffe, das Wort Gottes zu erklären, aufgewühlt vom Sehnen nach dem Heiligen. Eine Antwort für nagende Zweifel auszudenken war höchstes Vergnügen für sie. In der Tat, hinter den spielerischen Feinheiten ihres *pilpul* (abgeleitet von *pilpel*, Pfeffer) spürte man eine Welt, die von unterdrücktem Frohsinn und Scherz durchzittert war.

Pilpul, die charakteristische Lehrmethode, die in der osteuropäischen Periode entwickelt wurde, hatte ihren Ursprung in den alten Akademien von Babylonien in den ersten Jahrhunderten
d.Z. Das Ziel war nicht, Kenntnis des Gesetzes zu erwerben, sondern vielmehr dessen Implikationen und Voraussetzungen zu
prüfen; nicht aufzunehmen und im Gedächtnis zu speichern,
sondern zu diskutieren und auszubreiten. Alle späteren Lehren
wurden als Beiträge zu dem alten, nie versiegenden Strom der
Tradition betrachtet. Man konnte mit den großen Weisen längst
vergangener Tage debattieren. Es gab keine Schranke zwischen
Vergangenheit und Gegenwart. Wenn man eine Unstimmigkeit
zwischen einer Ansicht von Rabbi Akiba Eiger von Posen, der im
19. Jahrhundert lebte, und Rabbi Isaac Alfassi von Marokko aus
dem 11. Jahrhundert entdeckte, konnte ein Warschauer Gelehrter aus dem 20. Jahrhundert eingreifen, um zu beweisen, daß die
Einheit des Lernens durch die Jahrhunderte durchgehalten wurde.
Die Macht des *pilpul* drang sogar in die Kabbala ein. Dialektik
vereinigte sich mit Mystizismus. Die späteren aschkenasischen
Kabbalisten konstruierten symbolische Labyrinthe aus mystischen Zeichen, die so kompliziert waren, daß nur solche Kabbalisten, die mystische Leidenschaft und Geistesschärfe besaßen,
sich sicher hineinwagen konnten.
Der einfache Wortsinn, die gerade Linie einer allgemeinen Regel
schienen zu nichtssagend, zu dünn, zu eng, um die überbordende
Kraft ihres Verstandes zu fassen. Im Licht des *pilpul* wandelte
sich der Charakter und der genaue Sinn der Worte und Begriffe
radikal. Man wies nach, daß der einfachste Grundsatz auf einem
Komplex von Begriffen beruhte und in eine Unzahl von Beziehungen zu anderen Grundsätzen verwickelt war. Auf diese Weise wurden neue, bisher unbeobachtete Folgerungen aus alten
Regeln abgeleitet, und sie boten Leitung in Fällen, die in den alten Werken nicht vorgesehen waren. Gleichzeitig wurden Wi-
dersprüche und Abweichungen enthüllt, indem man eine noch

genauere und schärfere Analyse des Lehrstoffs anwandte. Zeitweilig degenerierte der *pilpul* zu haarspalterischer Dialektik und schlug sich mit geistigen Phantomen herum. Da er von den überkommenen Formen gesunder Logik abwich, wurde er von einigen der großen Rabbinen hart angegriffen. Doch der *pilpul* flößte dem Torastudium nicht nur neue Lebendigkeit ein, er erweckte Einfallsreichtum und geistige Unabhängigkeit und ermutigte die Studenten, aus alten Gedanken Neues zu schaffen. Darüber hinaus fand der Sturm der Seele, der durch eine strenge Disziplin unter Kontrolle gehalten wurde, und die innere Ruhelosigkeit ein Ventil in Gedankenflügen. Das Denken wurde kraftvoll, leidenschaftlich. Der Verstand schmolz das Metall talmudischer Gedanken und schmiedete daraus phantastische Formen, Irrgärten, in denen das Denken zuerst aufgeschreckt wurde, seinen Weg verlor, es schließlich aber doch schaffte, sich zu befreien. Sie hielten nichts für selbstverständlich. Alles mußte einen Grund haben, und sie waren mehr an Gründen interessiert als an Sachverhalten.

Gedanken waren wie kostbare Steine. Der Gedanke, der sie bewegte, spiegelte eine Fülle von Nuancen und Unterscheidungen, wie der Lichtstrahl, der durch ein Prisma fällt, die Farben des Regenbogens hervorbringt. Facettenreiche Gedanken verstreuten, wenn man sie drehte und wendete, einen funkelnden Glanz, der sich je nach der Richtung, aus der sie das Licht des Verstandes traf, änderte. Die verführerische Anmut, die Mannigkfaltigkeit der geschliffenen Gedanken erleuchtete den Geist, blendete das Auge. Begriffe erhielten dynamischen Charakter, eine Farbe und Bedeutung, die auf den ersten Blick keine Verbindung zueinander zu haben schienen. Die Freude der Entdeckung, der Prozeß, originelle Kunstgriffe zu erfinden, neue Erfindungen und Einrichtungen zu erlangen, erhoben das Herz und ließen es schneller schlagen. Das war kein realistisches Denken; aber auch große Kunst ist keine Reproduktion der Natur, und Mathematik ist keine Nachahmung von etwas, das wirklich existiert.

Es ist leicht, eine solche Geisteshaltung herabzusetzen und sie als unpraktisch und weltfremd zu bezeichnen. Aber was ist edler als der nicht zweckgebundene »unpraktische« Geist? Die Seele wird durch die Aufmerksamkeit für das, was alle unmittelbaren Zwecke übersteigt, ermutigt und getröstet. Der Sinn für Transzendenz ist das Herz der Kultur, das eigentliche Wesen der Humanität. Eine Zivilisation, die sich ausschließlich dem Nützlichen widmet, unterscheidet sich im Grunde nicht von Barbarei. Die Welt wird erhalten durch das, was nicht welthaft ist.

7

Eine Welt von Palimpsesten

Die Geschichte war für sie nur ein Hinweis. Die Dinge waren wie Palimpseste und der Himmel die Tangente an den Kreis aller Erfahrung. Sie waren überzeugt, daß alles auf Transzendenz hinwies, daß das, was der Verstand erkannte, nur eine dünne Oberfläche des Unerforschten war, und oft wollten sie lieber einen festen Stand am Rande der Tiefe erreichen, selbst um den Preis, daß sie den festen Grund des äußerlich Sichtbaren aufgaben. Sie glaubten, daß die Worte der Tora sich nicht mit den Mitteln wörtlicher Interpretation fassen ließen. Nichts durfte buchstäblich genommen werden, weder die Heilige Schrift noch die Natur. Kein Mensch wäre fähig, die Geheimnisse der Welt auch nur zu ahnen, und wenn er 1000 Jahre alt würde. Rabbi Nathan Spira von Krakau, der Verfasser von »Der Offenbarer des Tief-Verborgenen« im 17. Jahrhundert, interpretiert den Abschnitt des Pentateuch, in dem Mose Gott bittet, das verheißene Land betreten zu dürfen, auf 252 verschiedene Weisen. Man glaubte, daß ein Wort der Bibel, eine Sitte oder ein Ausspruch randvoll von einer Vielfalt an Bedeutungen war. Das Einfache war zu nichtssagend, um wahr zu sein. Nur das Geheimnis war einleuchtend, während das Eindimensionale, die Oberfläche unvorstellbar war. Überall fanden sie verborgenen Sinn.

Selbst in dem Teil des Kodex, der sich mit Zivil- und Strafrecht befaßt, entdeckten sie tiefe Geheimnisse. In Namen von Städten und Ländern fand man Anspielungen. Der Name »Polen« wurde vermeintlich von den beiden hebräischen Wörtern *po-lin* = »bleib hier« abgeleitet; sie sollen auf einer Botschaft gestanden haben, die vom Himmel kam und von den Flüchtlingen aus Deutschland auf ihrem Weg nach Osten zur Zeit des Schwarzen Todes und der sich daran anschließenden Massaker an Juden gefunden wurde. Auf die Blätter der Bäume, so erzählt die Legende, waren heilige Namen geschrieben, und in den Zweigen waren umherirrende Seelen verborgen, die Erlösung durch die Vermittlung eines frommen Juden suchten, der vielleicht unter dem Baum anhalten und sein Abendgebet sprechen würde.

Wer vermöchte, wenn er die Reisewege des eigenen Lebens betrachtet, zu begreifen, wo das Ziel liegt? Man könnte eine Reise antreten wollen, um ein Geschäft abzuschließen, während das wahre Ziel war, in einem Wirtshaus zu beten, in dem der Gedanke an Gott noch nie in der Luft gelegen hatte, oder einem müden Wanderer auf dem Weg zu helfen. Es könnte sein, daß man unterwegs zur Erfüllung seiner Bestimmung gelangte.

Es wird erzählt, daß Rabbi Israel Baal Schem, der Gründer der chassidischen Bewegung, einst niedergeschlagen und bekümmert aussah. Als seine Schüler ihn nach dem Grund fragten, erzählte er ihnen: Es gab einen Mann, der sehr gottlos war. Als er starb, gab es keine Möglichkeit, ihn zu retten. Aber Gott hatte Erbarmen mit seiner Seele, und es wurde beschlossen, daß sie in einem Frosch inkarniert werden sollte, der in einem fernen Land in der Nähe einer Quelle hauste. Wenn je sein Sohn zu diesem Ort kommen sollte und von dem Wasser der Quelle trinken, nachdem er den Segensspruch über dem Wasser gesprochen hatte, würde die Seele gerettet. Aber der Sohn war sehr arm und hatte weder die Mittel noch die Gelegenheit, an ferne Orte zu reisen. Daher machte Gott, daß er Diener bei einem reichen Mann wurde. Der wurde einmal krank, und die Ärzte erklärten, daß er geheilt würde, wenn er in ein gewisses Heilbad ginge. Der

Reiche begab sich dorthin und nahm seinen Diener mit. Einmal, als sie miteinander spazierengingen, empfand der Diener unerträglichen Durst – er verschmachtete fast vor Durst. (Sein Durst war deshalb so groß, weil er in der Nähe der Quelle war, wo die Seele seines Vaters weilte.) Er suchte nach Wasser und fand die Quelle. In seinem großen Durst vergaß er, das Gebet zu sagen, den Segen über dem Wasser, und die Seele blieb unerlöst. . . Der Heilige, Er sei gesegnet, schloß der Baal Schem, tat so viel, um die Erlösung der Seele möglich zu machen, aber alles war umsonst. Wer weiß, was das Ende ihres Weges sein wird?

Während sich ihr Denken dadurch auszeichnete, daß sie nach allergrößter Feinheit strebten, war ihre Ausdrucksweise kurz und bündig, besonders bei denen, die sich mit mystischer Lehre befaßten. Ihre Aussprüche waren pointiert; sie gingen einen Gedanken nicht langsam und schrittweise an, sondern nahmen ihn im Sprung. Die osteuropäischen Juden hatten eine Vorliebe für elliptische Sätze, für die scharfe Epigrammform, für den Geistesblitz, für den Donnerschlag einer Idee. Sie redeten kurz, scharf, schnell und direkt; sie verstanden einander mit einer Andeutung; sie hörten zwei Worte, wo nur eines gesprochen wurde. Die näherliegende von zwei Voraussetzungen zu erwähnen galt als banal.

Kühne Lehrsätze wurden in Allegorien eingekleidet oder sogar in witzige Aphorismen, und angeblich Alltägliches enthielt oft einen erhabenen Gedanken. Heilige Männer sprachen scheinbar über den Bau eines Daches; sie sprachen von Ziegeln und Schindeln, während sie in Wirklichkeit über die Geheimnisse der Tora sprachen. Ganze Theorien über das Leben wurden in einfache Geschichten gefaßt, die nach der *Hawdala*-Zeremonie, die das Ende des Sabbat bezeichnet, zum Tee erzählt wurde. Scherze ohne tiefere Bedeutung galten als geschmacklos; die Art des Humors, die wirklich geschätzt wurde, war eine Erzählung, deren

Sinn plötzlich auftauchte, so wie eine anmutige Lichtung sich plötzlich im Walde auftut.

Ihr Witz war ausgesprochen intellektuell. Wortspiele wie Heines berühmte geistreiche Bemerkung »Ich saß neben Rothschild, und er behandelte mich wie seinesgleichen, ganz famillionär« sind ein gutes Beispiel dafür, was ihrem Humor völlig *fremd* war. Wortspiele fehlen im Jiddischen fast ganz, und im Hebräischen werden sie nicht benutzt, um Witze zu machen, sondern bei der ernsthaften Suche nach symbolischen Assoziationen. Auch körperliche Schwäche oder Entstellung war nicht Gegenstand des Humors. Sie lachten nicht so sehr über irgendeinen absurden Vorfall, über eine peinliche Situation, wie über vorgefaßte Meinungen und unlogische Einfälle. Sie bevorzugten solche Witze, die logische Trugschlüsse lächerlich machten und nicht verbale. Ihre Scherze konnten als gelungene Illustrationen von Trugschlüssen dienen, wie sie in der formalen Logik definiert und klassifiziert sind.

8

Die Tat singt

Wir müssen das Wertgefühl der osteuropäischen Juden verstehen, um die Tatsache richtig einschätzen zu können, daß ihre besten Köpfe sich dem Studium, der Interpretation und der Fortentwicklung der Tora widmeten. In ihren Augen war die Welt kein herrenloses Gut, das der Schöpfer dem Zufall überlassen hatte. Das Leben war für sie nicht eine Gelegenheit zum Genuß, sondern eine Mission, die jedem einzelnen anvertraut war, ein Unternehmen, das mindestens so verantwortungsvoll war wie z.B. die Leitung einer Fabrik. Jeder Mensch bringt unaufhörlich Gedanken, Worte und Taten hervor und unterwirft sie entweder den Mächten der Heiligkeit oder den Mächten der Unreinheit. Er ist ständig dabei, entweder zu zerstören oder aufzubauen. Aber seine Aufgabe ist, durch Erfüllung der Tora wieder herzustellen, was im Kosmos beschädigt worden ist, zu arbeiten im Dienst am Kosmos um Gottes willen.

Der osteuropäische Gelehrte war selten von dem Wunsch nach strengen Rigorismus oder einer Vorliebe für vernunftwidrige Disziplin als Selbstzweck beherrscht. In der Hauptsache war er von dem Gefühl der Wichtigkeit seiner Mission beseelt und von der Überzeugung, daß die Welt nicht ohne die Tora existieren könne. Dies Gefühl verlieh seinem Leben den Charakter eines

Kunstwerkes, dessen Medium nicht Stein oder Bronze war, sondern die mystische Substanz des Universums.

Naturwissenschaftler widmen ihr Leben dem Studium der Gewohnheiten von Insekten oder der Eigenart von Pflanzen. Jede Kleinigkeit ist wichtig für sie; sie untersuchen gewissenhaft die kompliziertesten Eigenschaften der Dinge. Die frommen aschkenasischen Gelehrten untersuchten mit der gleichen Leidenschaft die Gesetze, die das Verhalten des Menschen regieren sollten. Die unerbittliche Ehrlichkeit und die Gewissenhaftigkeit, mit der sie sich ihrem Studium hingaben, haben in der Tat im Werk der Naturwissenschaftler ihre Analogie. Sie wollten das Chaos der menschlichen Existenz bannen und das Leben des Menschen der Tora entsprechend zivilisieren, und sie zitterten bei jedem Schritt, jedem Atemzug. Kein Detail wurde oberflächlich behandelt, alles war ernst. Ebenso wie die aufopfernde Hingabe des Wissenschaftlers dem Lebemann als Tortur erscheint, so klingt die Poesie des Rigorismus dem Zyniker schrill in den Ohren. Aber vielleicht ist die Frage, welcher Segensspruch zu einer bestimmten Speiseart gesprochen werden muß, das Problem, wie Materie und Geist zueinander passen, wichtiger, als allgemein angenommen.

Der Mensch hat sich noch nicht sehr weit von den Küsten des Chaos entfernt. Ein wahnsinniger Ruf nach Unordnung gellt durch die Welt. Wo ist die Macht, die die Wirkung dieses verführerischen Rufes aufheben kann? Die Welt kann nicht ein Vakuum bleiben. Wir alle sind entweder Diener des Heiligen oder Sklaven des Bösen. Die einzige Sicherung gegen ständige Gefahr ist ständige Wachsamkeit, ständige Leitung.

Unfreie Menschen sind entsetzt bei der Vorstellung, eine spirituelle Lebensweise zu akzeptieren. Sie verbinden die Vorstellung von innerer Kontrolle mit äußerer Tyrannei und würden lieber leiden, als sich spiritueller Autorität zu unterwerfen. Nur freie Menschen, die bereit sind, Launen abzulegen, setzen Selbstzucht nicht mit Selbstaufgabe gleich.

Es wäre ein Fehler, die Frömmigkeit osteuropäischer Juden als ständige Selbstzucht zu charakterisieren. Die klare Erkenntnis der spirituellen Bedeutung der Observanz des Gesetzes machte Selbstzucht überflüssig. Daß »gute Taten« als angenehm empfunden wurden, ließ viele von ihnen fragen, ob die Belohnung für deren Erfüllung, wie die Rabbinen sie für die zukünftige Welt versprachen, nicht unverdient sei.

Eine Frau schüttete dem Rabbi von Tel Aviv ihr Herz aus. Ihre Söhne unterzogen sich nicht mehr der religiösen Observanz. Sie waren Chaluzim, Pioniere, die Studien und Karriere aufgegeben hatten, um die Sümpfe im Heiligen Land trockenzulegen. »Ich weiß«, sagte sie, »daß meine Söhne heilige Menschen sind, und ich bin sicher, daß sie Erben der zukünftigen Welt sind. Aber ich bin bekümmert darüber, daß sie nicht auch die Freuden dieser Welt genießen, die Freuden, das jüdische Gesetz zu erfüllen.«

Wer nicht vom Geist erfüllt ist, für den ist der *Schulchan Aruch* wie die Partitur eines Oratoriums für jemanden, der keine Noten lesen kann. Für den frommen Juden ist er voller Chöre und Arien. Für ihn ist das jüdische Gesetz heilige Musik. Das Göttliche singt in guten Taten. Das Bemühen des Menschen ist nur der Kontrapunkt zur Musik Seines Willens.

Vom Juden wird ein hoher Einsatz verlangt. Er muß über das Normalmaß hinausgehen, um normal zu sein. Um Mensch zu sein, muß er mehr sein als ein Mensch. Um ein Volk zu sein, müssen die Juden mehr sein als ein Volk.

9

Die frommen Männer von Aschkenas

So wie Raschi die jüdische Erziehung demokratisierte, so demokratisierte im 12. und 13. Jahrhundert Rabbi Jehuda HaChassid und sein Kreis der Chassidim, »der Frommen«, die Ideale der mystischen Frömmigkeit. Zur Erlangung dieses Ideals waren keine großen intellektuellen Fähigkeiten nötig, das Haupterfordernis war Glaube, ein reines Herz und Innerlichkeit. Frömmigkeit hielt man für wichtiger als Weisheit, Aufrichtigkeit stand höher als Spekulation, der Gottesfürchtige höher als der Gelehrte. Durch ihre Apotheose der Einfalt, ihren warmen Glauben, ihre Menschlichkeit und ihren sittlichen Ernst bauten sie für die gewöhnlichen Sterblichen eine Straße zu Gott.

Unablässig betonten diese mittelalterlichen Chassidim, wie wichtig das Gebet sei. Das Gebetbuch, der *Siddur*, der volkstümlicher ist als irgendein anderes Werk unserer Literatur, war ihnen unendlich teuer, jedes Wort darin war ein kostbares Juwel. Sie zählten die Worte des *Siddur*, weil sie glaubten, daß darin eine Welt von Geheimnissen erhalten sei. Sie versuchten, die alten Geheimnisse zu entdecken (so erzählt uns Rabbi Eleazar Rokeach von Worms, ein Mystiker des 13. Jh.), die die Propheten ihren Schülern weitergegeben hatten und die später von Mund zu Mund weitergesagt und den wenigen Erwählten offenbart wurden.

Die Konzentration auf die Geheimnisse war jedoch nicht das Hauptziel. Das unbeholfene, aber von Herzen kommende Gebet des einfachen ungelehrten Mannes steht höher im Wert als die pedantisch genauen und formellen Gebete des studierten Mannes.

Ein Chassid wurde gelehrt, mit der ganzen Welt Geduld zu haben, geduldig, mild und zart und in der Beurteilung anderer zu sein, Mensch und Tier zu lieben, schüchtern und zurückhaltend zu sein und Ehrungen und gesellschaftliche Auszeichnungen zu meiden und Gott um Gottes willen zu dienen und nicht für Lohn. Ständige Selbstprüfung und Bußfertigkeit nahmen einen hervorragenden Platz in der chassidischen Frömmigkeit ein, wie man dies bisher nicht gekannt hatte, und asketische Übungen waren unentbehrlich für die Buße. Selbst wer sich nicht von der Last der eigenen Sünden bedrückt fühlte, sollte Buße tun für die Sünden anderer.

Die »Frommen Männer von Aschkenas« maßen den Gebräuchen – minhaggim – frommer Leute große Bedeutung bei, den Sitten, die nicht aus scholastischen Textinterpretationen abgeleitet waren, sondern unabhängig und instinktiv aus dem Stegreif entstanden waren. Sie begannen, die Sitten von verschiedenen Gemeinden und einzelnen aufzuschreiben. Bücher wurden zu dem Zweck verfaßt, die Menschen Takt, gutes Benehmen und Höflichkeit gegenüber ihren Mitmenschen zu lehren. In diesem Sinne wurden Bücher speziell für das gewöhnliche Volk geschrieben; ihr Stil war poetisch und gepflegt, und sie brachten eine Fülle von Volkssagen und Gleichnissen. Sie sprachen nicht abstrakt über hohe Ideale, sondern predigten Moral in volkstümlicher Weise. Es entstand eine ganze Literatur in Teitsch – Jiddisch – für Frauen. Jahrhundertelang lasen jüdische Frauen Lew Tow – »Gutes Herz« und Se-ena Ure-ena – »Geh hin und schau« und schütteten ihr Herz aus in techinot, liebe- und andachtsvollen Gebeten, die von Frauen für Frauen geschrieben waren.

Die Zeiten waren schwer; die Juden wurden von allen Seiten verfolgt und gejagt. Massaker waren an der Tagesordnung, sie wurden geschlachtet wie Schafe. Aber die Juden trugen ihr Los geduldig und opferten sich mit übermenschlicher Inbrunst für ihren Glauben. Der *Sefer Chassidim*, das »Buch der Frommen«, das die Leitsätze und Aussprüche der aschkenasischen Chassidim enthält, erachtet es für notwendig, die zu trösten, die »in ihrem Bett sterben« und nicht das Privileg erhalten, für die Heiligung des Namens zu sterben. Bestenfalls spielt sich das Leben auf einem geistigen Schlachtfeld ab. Man muß ständig mit dem bösen Trieb kämpfen – »denn der Mensch ist wie ein Seil, an dessen einem Ende Gott zieht und an dem anderen Satan«. Daher muß der Jude die Taktik dieses Krieges lernen. Er muß sich von allem außer dem Lebensnotwendigen enthalten, muß Versuchungen meiden und bestehen. Und wenn einer – Gott behüte! – strauchelt, können seine Verfehlungen gesühnt werden durch Kasteiung und eine angemessene Zahl von Fasttagen, die helfen, die Seele von ihren Flecken zu reinigen.

Aus diesem Grund haben berühmte Gelehrte zuweilen ihre Talmudbände zugeklappt und sind aufgebrochen, um in selbstauferlegtem »Exil« zu leben, fern von zu Hause, unter Fremden, um Demütigungen zu ertragen und den Becher des Mangels und des Elends zu schmecken.

10

Kabbala

Im 17. Jahrhundert drangen die mystischen Lehren des *Sohar* und des Rabbi Isaac Luria von Safet allmählich nach Polen. Die Rabbinen gaben die Erlaubnis zum Druck der esoterischen Bücher, und die Menschen wurden von dem Wunsch ergriffen, die Kabbala zu studieren, die bisher nur wenigen bekannt gewesen war und nun für alle zugänglich wurde.

Die Ausbreitung der Mystik übte einen großen Einfluß auf das Leben der osteuropäischen Juden aus. Die Kabbala gab ihnen ein neues Gefühl, das Gefühl, daß alles von Geheimnis durchdrungen sei.

Für das analytische Denken ist das Universum keine Einheit mehr. Es ist gespalten in das Bekannte und das Unbekannte, in das Sichtbare und das Unsichtbare. Aber in der mystischen Kontemplation werden alle Dinge als Einheit gesehen. Mystisches Denken strebt danach, die Welt zusammenzuhalten: das Sichtbare in Verbindung mit dem Unsichtbaren zu sehen, mit dem Unbekannten durch die Drehtür des Bekannten Gemeinschaft zu halten. Die Kabbalisten wußten, daß das, was ihre Sinne wahrnahmen, nur ein Zipfel des tief Verborgenen ist. Die Dinge dieser Welt, die sich ins Unsichtbare hinein ausdehnen, stehen in geheimer Verbindung zu dem, was kein Auge je gesehen hat. Alles zeugt für das Erhabene, und das Unsichtbare wirkt gemeinsam mit dem Sichtbaren. Zu jeder Tat hier gibt es immer einen Widerhall im Jenseitigen. Alle Dinge hier unten sind Symbole dessen, was oben ist. Sie werden von Kräften getragen, die aus verborgenen Welten strömen. Diese Welt ist der anderen dienstbar. Man begreift das Wesen des Hier, wenn man das Jenseitige versteht; denn diese Welt ist die Realität des Geistes im Zustand der Trance. Die Offenbarung des Mysteriums ist teilweise ausgesetzt, wir selbst leben in Lethargie. Normales Bewußtsein ist ein Zustand der Starre, in dem die Sensibilität für das wirklich Reale und die Reaktion auf die Anstöße des Geistes eingeschränkt sind. Die Mystiker wußten, daß der Mensch in eine verborgene Geschichte des Kosmos eingebunden ist, und sie bemühten sich, aus Schläfrigkeit und Apathie aufzuwachen und ihre Seelen, die in einem Zauberbann lagen, wieder zur Wachheit zurückzuführen.

Für die Kabbalisten war der Unterschied zwischen dem Bekannten und dem Unbekannten, zwischen dem »Offenbarten« und dem »Verborgenen«, zwischen dem Begrenzten und dem Unendlichen verwischt. Man stellte sich das Vertraute und Gewohnte als in einem mächtigen Strom von Geheimnissen und Unendlichkeit schwimmend vor, und Menschen wurden eines Meeres ansichtig, in dem die Welten nur ein Tropfen waren.

Die Kabbalisten wurden durch ihre Bindung an verborgene Welten im Banne von Dingen gehalten, die viel grundlegender waren als die Dinge, die das allgemeine Interesse beherrschten. Die kabbalistischen Verkünder und Schriftsteller waren von dem Gedanken durchdrungen, daß nicht nur der Mensch Gott, sondern auch Gott den Menschen nötig hat, daß das Handeln des Menschen für alle Welten entscheidend ist und den Lauf transzendenter Ereignisse beeinflußt. Daher bemühten sie sich, alle Menschen mit dem Bewußtsein zu erfüllen, daß jedes Handeln von äußerster Wichtigkeit ist. Es war allgemeine Überzeugung, daß das, was »oben«, in der oberen Sphäre, stattfindet, abhängig ist vom Menschen »unten«. Mit jeder heiligen Tat, jedem reinen

Gedanken greift der Mensch in die »sehr erhabenen Welten« ein. Eine fromme Tat ist ein Geheimnis. Dank der Hingabe, die ein Mensch in sie hineinlegt, baut er unablässig geistliche Welten, deren Wesen die Vernunft nicht fassen kann, solange er noch in dieser Welt ist. Aber seine Taten sind nicht nur für die obere Welt von Bedeutung, sondern ebenso auch für diese. Jeder fromme Jude ist als Architekt verborgener Welten ein Stück Messias.

Nach der Kabbala ist die Erlösung kein Ereignis, das plötzlich »am Ende der Tage« stattfindet; sie betrifft auch nicht nur das jüdische Volk allein. Sie ist ein andauernder Prozeß, der in jedem Augenblick stattfindet. Die guten Taten des Menschen sind einzelne Akte im langen Drama der Erlösung, und nicht nur das Volk Israel, sondern das ganze Universum muß erlöst werden. Selbst die *schechina*, die Einwohnung Gottes, ist im Exil. Gott ist sozusagen in den tragischen Zustand dieser Welt mit einbezogen; die *schechina* »liegt im Staub«. Das Gefühl für die Gegenwart der *schechina* im Leiden der Menschen prägte sich unauslöschlich in das Bewußtsein der osteuropäischen Juden ein. Die Wiederherstellung des Universums war Ziel aller Bemühungen.

Der Sinn eines Menschenlebens liegt darin, daß er das Universum vollendet. Er muß die Funken der Heiligkeit, die im Dunkel der Welt verstreut sind, erkennen, sammeln und erlösen. Dieser Dienst ist das Motiv für alle Gebote und guten Taten. Der Mensch hält den Schlüssel, der die Ketten aufschließen kann, die den Erlöser fesseln. Aber der Jude, dem die Rettung der Welt obliegt, kann nicht nur bloß bauen, er muß auch zerstören. Mit ungeheuren Kräften ausgerüstet, kann er durch rechte Heiligung zu den höchsten Sphären aufsteigen; sein Geist kann Himmel erschaffen. Gleichzeitig jedoch darf er nicht vergessen, daß seine Füße auf dem Boden stehen, nahe bei den Mächten der Finsternis. Es kann leicht geschehen, daß ihn plötzlich ein böser Trieb ergreift und daß er, statt zum Himmel aufzusteigen, vielleicht in den Abgrund geworfen wird.

Jede Sünde läßt eine dämonische Kraft entstehen, die Leben und bösartige Macht besitzt und bestrebt ist, die Wirklichkeit des Bösen auszubreiten und allen Menschen zu schaden und sie in die Irre zu leiten. Es ist schrecklich, in dieser unserer Welt zu leben, deren Atmosphäre gedrängt voll von einer ungeheuren Anzahl boshafter Wesen ist, die durch böse Taten gezeugt wurden. Und all diese Gefahr und Feindseligkeit ist des Menschen eigene Schöpfung.

Nie zuvor in der jüdischen Geschichte war das Gefühl für die Macht des Bösen so ausgeprägt und quälend wie im Osteuropa des 17. und 18. Jahrhunderts. Aufgrund dieses Bewußtseins, fest davon überzeugt, daß der Mensch schließlich die Macht des Bösen beherrschen werde, mobilisierten die Juden ihre Kräfte und versuchten, den Feind im eigenen Herzen zu unterwerfen: die Anziehungskraft der rohen Materie. Sie fasteten jeden Montag und Donnerstag und unterwarfen sich heftigen Kasteiungen, um sich zu reinigen. Sie glaubten, daß der böse Trieb jeden Menschen verfolge, bereit, ihn bei irgendeinem falschen Schritt straucheln zu lassen. Diese Geisteshaltung führte sowohl zu Verzückung wie zu Trauer; die Juden spürten die unendliche Schönheit des Himmels, die heiligen Geheimnisse der Frömmigkeit und auch die Gefahr und Düsternis dieser Welt. Der Mensch ist so unwürdig und schlecht und die Himmel so erhaben und fern – was muß der Mensch tun, um nicht in den Abgrund der Hölle zu sinken?

11

Chassidim

Dann kam im 18. Jahrhundert Rabbi Israel Baal Schem und brachte den Himmel auf die Erde herab. Er und seine Schüler, die Chassidim, verbannten die Melancholie aus der Seele und entdeckten die unsagbare Freude, Jude zu sein. Gott ist nicht nur der Schöpfer Himmels und der Erde. Er ist auch der Eine, der »Freude und Wonne geschaffen hat«. »Und wenn wir davon sprechen, daß Freude ein Bedürfnis ist«, sagt einer der großen chassidischen Denker, »meinen wir nicht die Freude, die man bei der Erfüllung der Gebote verspürt; denn die Fähigkeit, solch eine Freude spontan zu empfinden, ist ein Privileg erleuchteter Seelen, und man kann nicht verlangen, daß jeder Jude erleuchtet ist. Was wir meinen, ist: freisein von Traurigkeit. Ein Jude, der sich nicht darüber freut, daß er Jude ist, ist undankbar gegen den Himmel; es ist ein Zeichen, daß er nicht begriffen hat, was es bedeutet, als Jude geboren zu sein.« Selbst einfache Ausgelassenheit stammt ursprünglich aus der Heiligkeit. Das Feuer des Bösen kann besser mit den Flammen der Ekstase bekämpft werden als durch Fasten und Kasteien.

Jüdische Existenz wurde gleichsam neu geboren. Bibelverse, Observanzen, Gebräuche entfalteten plötzlich einen Duft wie von frischem Getreide. Ein neues Verbot wurde aufgestellt: »Du sollst nicht alt sein!« Der Baal Schem verjüngte uns um tausend Jahre.

Die Juden verliebten sich in den Herrn und fühlten »ein solches Sehnen nach Gott, daß es unerträglich wurde«.

Sie begannen, die unendliche Süße zu fühlen, die aus der Erfüllung des Gebotes der Gastfreundschaft kommt oder aus dem Anlegen von *tallit* (Gebetsmantel) und *tefillin*[1]. Welchen Sinn hätte das Leben eines Juden, wenn nicht den, die Fähigkeit zu erwerben, den Geschmack des Himmels zu verspüren? Wer das Paradies nicht in der Erfüllung eines Gebotes in dieser Welt schmeckt, wird es auch in der zukünftigen Welt nicht schmekken. Und so spürten die Juden allmähllich ewiges Leben in einer heiligen Melodie und nahmen den Sabbat ganz in sich auf als eine lebendige Vorwegnahme des zukünftigen Lebens.

In Strelisk herrschte große Aufregung. Chassidim tanzten auf den Straßen. Rabbi Mendel, der Rebbe von Kossow, war gekommen, um einen Tag mit seinem Schwager, Rabbi Uri, dem Seraph[2], dem Rebbe von Strelisk, zu verbringen. Alle wußten, daß für diese beiden *zaddikim* – heiligen Männer – die Pfortèn des Himmels offenstanden. Der Rebbe von Kossow hatte den Schlüssel zum himmlischen »Schatzhaus der Versorgung«, und wer immer seinen Segen empfing, brauchte sich nicht mehr um seinen Lebensunterhalt zu sorgen. Der Seraph auf der anderen Seite hatte den Schlüssel zum »Schatzhaus der Heiligkeit«. Das hatte zur Folge, daß die chassidischen Anhänger des Rebbe von Kossow alle wohlhabend waren, manche sogar reich, während die Chassidim des Seraph zwar sehr heilig, aber bettelarm waren. Dennoch waren sie glückliche Leute, die Chassidim des Seraph. Es begeisterte sie, in seiner Gegenwart zu leben, und sie schwelgten in den Wonnen und Ekstasen von Gebet und Gottes-

---

1 Lederkästchen, die Schriftworte, auf Pergament geschrieben, enthalten. Entsprechend dem Gebot in Dtn 11,18 werden *tefillin* am linken Arm und am Kopf während des werktäglichen Morgengottesdienstes angelegt. Sie sind ein Zeichen des Bundes zwischen Gott und Israel.
2 Unter diesem Namen ist er bis zum heutigen Tag bekannt; er erhielt ihn wegen seiner brennenden Seele und seines ständigen Eifers.

dienst. Dreimal am Tag fand der große Gebetskampf statt, und sie warfen sich mit ungebrochenem Mut hinein, als ob sie verborgene Festungen des Himmels stürmen wollten. Und wenn die Schlacht geschlagen war, waren sie erschöpft und überrascht von dem Wunder, daß sie noch lebten.

Der Rebbe von Kossow, der berühmte Gast, war vom Anblick der extremen Armut erschüttert, in der die Chassidim des Seraph lebten. Er hatte von ihrer Bedürftigkeit gehört, aber was er da sah – die ausgemergelten Körper, die zerrissenen Kleider –, überstieg seine Vorstellungen. Ärgerlich wandte er sich an seinen Schwager: »Warum gestattest du so etwas?« »Glaub mir, mich trifft keine Schuld. Sie empfinden tatsächlich keinerlei Mangel«, antwortete jener zu seiner Verteidigung.

Diese Antwort befriedigte den Rebbe von Kossow nicht. Spät in der Nacht, als die große Feier für den geehrten Gast vorüber war und Lieder und Tänze aufgehört hatten, ließ er wissen, daß alle Chassidim des Seraph zu ihm kommen sollten.

»Was wäre zum Beispiel euer größter Wunsch?«, fragte er sie. Die Chassidim waren verlegen. Ihr größter Wunsch war natürlich, völlige Heiligkeit zu erlangen, wenigstens ein einziges Gebet im gleichen Geist wie ihr Rebbe sprechen zu können. Aber wer würde von solch unerreichbaren Zielen auch nur zu träumen wagen? Also wurde der Rebbe von Kossow genauer: »Wie wäre es mit besserem Lebensunterhalt?« Das war eine Überraschung. Ja, sie gaben zu, daß es eine gute Sache wäre, keinen Mangel zu leiden. Sie dachten an ihre Frauen, an die Mitgift für ihre erwachsenen Töchter. »Hört zu«, verkündete der Kossower Rebbe, »um was immer ihr morgen während des Morgengottesdienstes beten werdet, wird erfüllt werden.«

Es war eine aufregende Nacht. Sie verbrachten unruhige Stunden damit, bei sich selbst zu wiederholen und ihren Geist auf das Begehren nach besserem Lebensunterhalt zu richten, *damit sie nicht vergäßen, darum zu beten.* Hier war eine Gelegenheit, die vielleicht nie wiederkommen würde.

Früh am nächsten Morgen, als der Seraph in der Synagoge erschien und mit einer Stimme wie ein Löwe rief »Adon Olam – Ewiger Herr«, beteiligten sich die Chassidim an der stürmischen Schlacht. Ihre Gesänge rissen fast die Welt auseinander, und sie waren nahe daran, ihre Seelen auf dem Weg zum Himmel zu verlieren. Was sie in der vergangenen Nacht auswendig gelernt hatten, war völlig vergessen . . .

Als sie sich nach dem Gottesdienst allmählich von ihrer Erschöpfung erholten, stellten sie mit Bestürzung fest: »Ah, oh, vergessen, völlig vergessen!«[3]

Die Chassidim gewannen so viel innere Kraft, daß sie das Fleisch nicht mehr fürchteten. Füge ihm keine Schmerzen zu, quäle es nicht – hab Mitleid mit dem Fleisch. »Verbirg dich nicht vor deinem eigenen Fleisch.«[4] Man kann Gott sogar mit dem Körper dienen, selbst mit dem bösen Trieb; man muß nur zwischen Schlacke und Gold unterscheiden können. Diese Welt gewinnt nur dann Geschmack, wenn ein wenig von der anderen Welt damit vermischt ist. Ohne Adel ist das Fleisch voller Finsternis. Die Chassidim haben immer behauptet, daß die Freuden dieser Welt nicht das Höchste seien, was man erreichen könne, und sie entfachten in sich die Leidenschaft für Spiritualität, die Sehnsucht nach den Freuden der zukünftigen Welt.

In seinem Leben auf dieser Erde kann der Mensch sowohl diese Welt als auch die zukünftige erfahren, und man sollte nie die weltlichen Freuden für die höchsten erachten und die Erde für den Himmel halten.

Es gibt eine Geschichte von einem *melammed*[5], der zu Fuß zu seinem Rebbe pilgerte, der in einer fernen Stadt lebte. Der Weg war mühsam und das Wetter schlecht. Plötzlich kam der reichste Mann aus seiner Stadt in einer prächtigen Kutsche vorbei, die

---

3 Diese Geschichte, die ich von Rabbi A.J.Heschel von Kopcsynce erfuhr, wird jetzt von B. Hager berichtet in »Ojfn Weg«, Bukarest 1946.
4 Jesaja 58,7
5 Ein Lehrer für Kinder

von vier Pferden gezogen wurde und noch zwei Ersatzpferde mitführte. Als dieser den *melammed* sah, wie er sich mit seinem Bündel auf der Schulter dahinschleppte, ließ er den Kutscher halten und fragte: »Wohin gehst du?«

Der Lehrer sagte es ihm.

»Nun«, sagte der Reiche, »steig in meinen Wagen, ich will dich dorthin bringen.«

»Warum nicht!« sagte der Lehrer.

In der Kutsche zu sitzen war ein reines Vergnügen; es fehlte nicht an warmen Wolldecken. Außerdem fragte ihn der Reiche: »Möchtest du einen Schnaps?«

Und so wärmte sich der *melammed* mit ein bißchen Schnaps und bekam auch noch ein Stück Kuchen dazu. Dann nahm er ein Stück gebratene Gans und noch einen Schluck Branntwein. Kurz, er fühlte sich wie die Made im Speck. Plötzlich wandte er sich an den Reichen: »Sag mir, bitte, was sind deine weltlichen Freuden?«

Der Reiche sah ihn erstaunt an. »Siehst du das nicht? Die Kutsche und die Pferde und das teure Essen, das ich mir auf Reisen leisten kann. Willst du behaupten, daß dies alles nicht genug weltliche Freuden für einen Kerl wie dich sind?«

»Nein«, sagte der *melammed* scherzend, »das sind deine himmlischen Freuden, der Gipfel deiner Freuden; aber wo sind deine Freuden von dieser Welt?«

Die Wahrnehmung des Spirituellen, die Erfahrung des Wunderbaren wurde Allgemeingut. Oft konnten einfache Menschen fühlen, was Gelehrten versagt geblieben war. Und ist es nicht so, daß der Seufzer eines reuigen Herzens oder ein kleines bißchen Selbstaufopferung die Verdienste dessen aufwiegen, der mit Bildung und Stolz vollgestopft ist?

Für viele war die Einstellung zum Lernen zu einer Art Götzendienst geworden, Gemütswerte wurden verachtet. Übertriebener *pilpul* hatte oft die inneren Quellen vertrocknen lassen und war Gegenstand überheblicher Zurschaustellung des Intellekts. Solche Selbstgefälligkeit schmerzt in den Augen eines Chassid mehr als Sünde. Immer wenn der Chassid einen Band des Talmud öffnete, seufzte er:»Herr der Welt, vielleicht gehöre ich zu jenen, über die geschrieben steht: ›Mit welchem Recht verkündigst du mein Gesetz?‹«[6]

6 Psalm 50,16

12

»Liebe den Gottlosen«

Es gibt eine Geschichte von einem Gelehrten, der einen Rebbe besuchte. Der Gelehrte war kein junger Mann mehr – er war fast dreißig –, aber er hatte nie zuvor einen Rebbe aufgesucht.
»Was hast du dein ganzes Leben lang getan?« fragte ihn der Meister.
»Ich bin dreimal den ganzen Talmud durchgegangen«, antwortete der Gelehrte.
»Gut; aber wieviel vom Talmud ist durch dich gegangen?« fragte der Rebbe.
Aus schierer Genauigkeit bei der Observanz des Gesetzes kann man die lebendige Gegenwart des Herrn vergessen. Was aber ist das Hauptziel der Observanz, wenn nicht, die Seele zu spüren, die eigene Seele, die Seele in der Tora, in der Welt? Der Mensch ist kein bloßer Reflex des Überirdischen, er ist eine Quelle. Wenn er sich von den Hüllen befreit, kann er die Welt erleuchten. Gott hat dem Menschen etwas von sich selbst eingeflößt.
Israel, das für die »Erfüllung der Tora« lebt, ist von einzigartiger Bedeutung. Daher ist das Schicksal Seines geliebten Volkes Israel Gott ein besonderes Anliegen. Gott ist der Unendliche, der »Verborgene alles Verborgenen«, den kein Gedanke begreifen kann. Aber wenn ein Jude seine Kraft fast erschöpft hat im Sehnen nach Ihm, ruft er: »Süßer Vater!« Es obliegt uns, unserem Vater

im Himmel zu gehorchen; aber Gott muß seinerseits Mitleid mit seinen Kindern haben. Und Sein Erbarmen ist in der Tat überreich. »Ich möchte den heiligsten Menschen in Israel so lieben können, wie Gott den Gottlosesten in Israel liebt«, betete Rabbi Aaron der Große. Aber wenn das Leiden des Exils zu schwer zu tragen ist und keine Hilfe vom Himmel kommt, ist es möglich, daß Rabbi Levi Jitzhak von Berditschew[1] Gott sozusagen vor Gericht zieht.

In den Jahren 1917/18, während einer Zeit von Pogromen in Podolien, wurde David Koigen[2], der die Ereignisse aufgezeichnet hat, betroffen von der Tatsache, daß eine gewisse Stadt bei den verschiedenen Wellen der Pogrome von den Mördern verschont blieb. Andere Städte erlitten mehrere Pogrome, und da war ein Ort, der an der Straße der vorüberziehenden Horden lag und trotzdem wie vor den Banditen verborgen blieb.

Eines Tages traf er zufällig einen Bewohner dieser Stadt und fragte ihn, warum diese verschont worden sei. Der Mann sagte: »Das ist nicht erstaunlich. Wir haben eine Verheißung. Vor Generationen lebte in unserer Stadt ein großer *zaddik*. Es geschah, daß er an einem bestimmten Freitag um einer *mizwa*[3] willen in eine Nachbarstadt gehen mußte. Aber er zögerte zunächst. Wie konnte man am Tag vor dem Sabbat auf Reisen gehen? Ein Aufenthalt auf dem Weg könnte ihn hindern, seine Reise vor Ankunft des Sabbat zu beenden. Aber die Angelegenheit war dringend, und es war schon möglich, die Reise zu unternehmen und doch vor Sonnenuntergang zurück zu sein. So ging er also, erfüllte die *mizwa* und machte sich auf den Heimweg. Der Kutscher knallte mit der Peitsche, und die Pferde galoppierten. Aber das Unvorhersehbare geschah: Der Weg wurde immer länger, und als der Wagen schließlich in seine Heimatstadt einfuhr, leuchteten die Sabbatkerzen bereits aus allen jüdischen Häusern. Der

1 Ein berühmter chassidischer Führer
2 Ein Philosoph und Soziologe, gest. 1933
3 Ein Gebot; die Erfüllung der Pflicht gegen Gott und Menschen; eine gute Tat

zaddik war außer sich, er war zornig auf den Herrn, daß er ihn so behandelt hatte. In seiner Empörung weigerte er sich, *kiddusch*[4] zu sagen. Seine Weigerung stürzte den Himmel in große Verwirrung. Aber der *zaddik* wollte nicht eher vergeben, als bis ihm versichert wurde, daß in seiner Stadt niemals ein Pogrom stattfinden würde. Erst dann war er bereit, den Sabbat zu beginnen.«

Der Baal Schem verbrachte einmal den Siebten Tag in einem kleinen Dorf und wohnte in einem Wirtshaus. Als der Sabbat fast zu Ende war, rief der Gastwirt, wie es seine Sitte war, alle Juden des Dorfes zusammen, um das Dritte Mahl mit ihnen mit Gesang und Loblied zu feiern. »Warum bist du es zufrieden, die anderen Sabbatmahlzeiten im Kreise deiner Familie einzunehmen, während du für die Dritte Mahlzeit die Gesellschaft vieler Leute suchst?« fragte der Baal Schem. Der Gastwirt antwortete: »Ich weiß: Wenn der Mensch im Sterben liegt, sollten in seiner letzten Stunde zehn Leute anwesend sein. Wenn der Sabbat vorüber ist, verläßt uns die ›zusätzliche Seele‹, und zur Zeit der Dritten Mahlzeit ist es, als ob ein Teil von uns gestorben wäre.«

Purim, das fröhliche und ausgelassene Fest, das an den Sieg über Haman erinnert, wurde von einigen Chassidim auf eine Weise gefeiert, die zwar äußerlich verschieden, dem Wesen nach aber gleich dem Geist war, der am heiligsten aller Tage, an *Jom Ha Kippurim*, dem Tag der Umkehr, herrscht. Tag für Tag unterzogen sie sich dem Ritual des Untertauchens im Wasser, denn wer könnte es wagen, eine heilige Tat zu tun, ohne sich vorher zu reinigen?

---

4   Der Segensspruch über Wein und Brot vor der Freitagabend-Mahlzeit

13

Die 36 Zaddikim (Gerechten)

Die jeweilige Gegenwart flutete über die ihr gesetzten Grenzen hinaus. Menschen lebten nicht chronologisch, sondern in einer Mischung von Vergangenheit und Gegenwart. Sie lebten mit den großen Männern der Vergangenheit nicht nur, indem sie Geschichten über sie erzählten, sondern auch in ihren Emotionen und Träumen. Wenn Juden den Talmud studierten, fühlten sie sich seinen Weisen verwandt. Man glaubte, daß der Prophet Elia den Beschneidungszeremonien beiwohnte und daß der Geist der Heiligen Gäste[1] – Abraham, Isaak, Jakob, Moses, Aaron, Joseph und David – sie in den Tagen von Sukkot in ihren Hütten besuchte. Unter solchen Juden lebten die 36 Zaddikim[2], die den Menschen unbekannt bleiben und deren Heiligkeit das Universum erhält. Einfache Juden waren innerlich stets darauf vorbereitet, den Messias willkommen zu heißen. Wenn der Prophet Jesaja aus seinem Grab aufstehen und das Haus eines Juden betreten sollte, selbst an einem gewöhnlichen Mittwoch – die beiden hätten einander verstanden.

---

1 Nach dem *Sohar* (III,103b) gilt, wenn ein Mann in der *Sukka* (Laubhütte) sitzt: »Im Schatten des Glaubens breitet die *schechina* ihre Flügel über ihm von oben aus«, und die sieben heiligen Gäste »nehmen Wohnung bei ihm«.
2 Die Zahl der heiligen Männer, die in jeder Generation leben, um deretwillen Gott sein Erbarmen über die Welt andauern läßt. Gewöhnlich leben sie als arme Arbeiter verkleidet, so daß ihre Heiligkeit selbst ihren Nächsten verborgen bleibt.

Koretz, Karlin, Bratslaw, Lubawitsch, Ger, Lublin – Hunderte von kleinen Städten waren wie heilige Bücher. Jeder Ort war ein Modell, ein Aspekt, eine bestimmte Art des Jüdischseins. Wenn ein Jude den Namen einer Stadt wie Miedzybosch oder Berditschew erwähnte, war es, als spräche er von einem göttlichen Geheimnis. Übernatürlicher Glanz ging von ganz gewöhnlichen Taten aus.

»Warum willst du den Rebbe besuchen?« fragte jemand einen bedeutenden Rabbi, der, obwohl seine Zeit kostbar war, tagelang wanderte, um seinen Meister am Sabbat zu besuchen.

»Um neben ihm zu stehen und zu beobachten, wie er seine Schuhe zubindet«, antwortete er.

Wenn Chassidim versammelt waren, erzählten sie sich, wie der Rebbe die Tür öffnete, wie er bei Tische aß – einfache Handlungen, aber voller Wunder.

Warum sollte man über den Glauben sprechen? Wie war es möglich, Gottes Gegenwart in der Welt nicht zu fühlen? Wie konnte jemand nicht sehen, daß die ganze Erde Seines Ruhmes voll war? Diesen Juden zu predigen, daß man die 613 Gebote befolgen müsse, wäre überflüssig gewesen. In Übereinstimmung mit dem *Schulchan Aruch* zu leben war ihnen zur zweiten Natur geworden. Aber die Juden wollten mehr als das, sie wollten einen höheren Standard erreichen. Ein Führer der Musar-Bewegung[3] bemerkte einmal: »Wenn ich dächte, daß ich immer so bleiben sollte, wie ich bin, würde ich Hand an mich legen. Aber wenn ich nicht hoffte, wie der Gaon von Wilna[4] zu sein, wäre ich nicht einmal das, was ich bin.« Diese Sehnsucht nach dem Höheren verlieh ihnen einen fast übermenschlichen Charakter. Jeder weiß, was Schönheit ist, jeder kann sie mit seinen Sinnen wahrnehmen. Das Neue in Osteuropa war, daß Heiligkeit, der höch-

---

3 Eine ethische Bewegung, die im 19. Jh. von Rabbi Israel Salanter unter den litauischen Juden gegründet wurde. Ein sehr schönes Portrait von Rabbi Salanter bei L. Ginzberg, Students, Scholars and Saints, S. 145–194.
4 Der größte Talmudgelehrte seiner Zeit (1720–1797)

ste aller Werte, so real und so konkret wurde, daß sie wie Schönheit wahrnehmbar war.

Äußerlich waren sie von Elend und politischer Demütigung, die sie zu erdulden hatten, geplagt; aber innerlich trugen sie das tiefe Leid der Welt und das herrliche Bild der Erlösung aller Menschen und Wesen. Es gab Juden, die keinen Augenblick das Leiden vergangener Zeiten und ihrer eigenen Zeit vergaßen. Aber das beeinträchtigte nicht ihren täglichen fröhlichen Glauben. Denn der Mensch ist nicht allein in der Welt. »Es gibt überhaupt keine Verzweiflung«, sagte Rabbi Nachman von Bratslaw, ein chassidischer Führer. »Hab keine Angst, liebes Kind, Gott ist mit dir, in dir und um dich. Selbst im Abgrund der Hölle kann man versuchen, näher zu Gott zu kommen.« Das Wort »schlecht« kam nie über ihre Lippen. Katastrophen schreckten sie nicht. »Du kannst mir alles nehmen – das Kissen unter meinem Kopf weg, mein Haus –, aber du kannst nicht Gott aus meinem Herzen wegnehmen.«

Wunder regten niemanden auf, und es war keine Überraschung, wenn man unter seinen Zeitgenossen Menschen entdeckte, die den Heiligen Geist hatten, Menschen, deren Ohr die Stimme vom Himmel vernahm. Die Leute waren überzeugt, daß ihre Generation nicht weniger wert war als frühere; sie betrachteten sich nicht als Epigonen. Im Gegenteil, die Chassidim glaubten, daß es in ihrer eigenen Zeit leichter wäre, vom Heiligen Geist erleuchtet zu werden, als in den frühen Tagen des Talmud. Denn diese Erleuchtung fließt aus zwei Quellen – vom Tempel in Jerusalem und aus der völligen Erlösung in den Tagen des Messias. Und wir sind der Zeit der Erlösung näher, als die Weisen des Talmud der Zeit des Tempels waren. Man kann das Licht des Messias schon vor uns sehen, es erleuchtet heute heilige Männer. »Man muß blind sein, wenn man das Licht des Messias nicht sieht«, sagte Rabbi Pinchas von Koretz. Er bedauerte Rabbi Abraham Ibn Esra aus dem 11. Jahrhundert, dessen Zeit sowohl von den Quellen der Prophetie zur Zeit des Tempels als auch vom Licht des messianischen Zeitalters weit entfernt war. Das erklärt, warum er so nüchtern war, daß er die verborgene Tiefe der geisterfüllten Hymnen des Rabbi Eleazar Hakalir nicht zu schätzen wußte.

Man war allgemein überzeugt, daß der Mensch höher stand als die Engel; der Engel kennt keine Selbstaufopferung, muß keine Hindernisse überwinden, hat keine freie Wahl in seinem Handeln. Auch bleibt das Wesen des Engels immer gleich, ist statisch; er behält immer den Rang, in dem er geschaffen wurde. Der Mensch jedoch ist ein Wanderer, er bewegt sich immer, entweder nach oben oder nach unten; er kann nicht an einer Stelle bleiben. Mehr noch: Der Mensch ist nicht nur die Krone der Schöpfung, er kann am Akt der Schöpfung teilhaben. Die Chassidim erkannten das ungeheure Ausmaß ihrer Verantwortung; sie wußten, daß ganze Welten darauf warteten, aus der Unvollkommenheit erlöst zu werden. Nicht nur wir brauchen den Himmel, der Himmel braucht auch uns.

Die kleinen jüdischen Gemeinden in Osteuropa waren wie heilige Texte, die offen vor den Augen Gottes lagen, so nah waren ihre Gotteshäuser dem Berg Sinai. In den bescheidenen hölzernen Synagogen, die aussahen, als schlössen sie sich freiwillig von der Welt ab, läuterten die Juden ihre Seelen, die Gott ihnen gegeben hatte, und vervollkommneten ihre Gottesebenbildlichkeit. Es entstand in ihnen eine unendliche Welt der Innerlichkeit, eine »Tora im Herzen«, neben der geschriebenen und mündlichen Tora. Selbst einfache Menschen waren wie Künstler, die wußten, wie man die Stunden des Alltags mit mystischer Schönheit erfüllen konnte. Sie schrieben keine Lieder, sie selbst waren Lieder. Wenn Juden bereitstanden, um die »zusätzliche Sabbatseele« zu empfangen und wieder einmal in Liebe zu Gott entbrannten, wenn sie die Stelle über »das Mysterium des Sabbats« aus dem »Buch des Glanzes« sagten, erklommen sie Höhen der Schönheit und Ekstase. Äußerer Glanz fehlte ihnen oft, aber sie waren von einem verborgenen Licht erfüllt.

Für die weisesten unter ihnen war es wichtiger zu erfüllen, was sie sagten, als zu sagen, was sie erfüllten.

Im Bereich des Spirituellen zählt Selbstverleugnung mehr als Gelehrsamkeit. Rabbi Isaak Meir Alter von Ger, der hervorragende Talmudgelehrte im Polen seiner Zeit, kam zu seinem Meister Rabbi Mendel von Kotzk und bat ihn, das Manuskript eines Werkes zu lesen, das er geschrieben hatte. Es war ein Kommentar zu *Hoschen Mischpat*, dem jüdischen bürgerlichen Gesetz. Nach einigen Wochen schickte der Rabbi von Kotzk nach dem Verfasser. »Ich habe dein Manuskript studiert«, sagte er. »Es ist ein geniales Werk. Wenn es veröffentlicht ist, werden die klassischen Kommentare, die Generationen lang studiert wurden, überholt sein. Ich bin nur bekümmert bei dem Gedanken, welches Mißvergnügen dies den Seelen der heiligen Kommentatoren bereiten wird.« Es war ein Winterabend; das Feuer im Ofen brannte. Rabbi Isaak Meir nahm das Manuskript vom Tisch und warf es in die Flammen.

14

»Bewahre meine Zunge vor Bösem«

Es war kein Zufall, daß die Juden Osteuropas wenig von weltlicher Bildung hielten. Sie widerstanden dem Strom der Aufklärung, der die kleine Provinz des Judentums zu verschlingen drohte. Sie verachteten die Wissenschaft nicht. Sie glaubten jedoch, daß ein wenig geistlicher Adel tausendmal wertvoller sei als alle säkularen Wissenschaften; daß das Gebet »Mein Gott, bewahre meine Zunge vor Bösem«, das dreimal täglich gesprochen wurde, wichtiger sei als das Studium der Physik; daß Meditation über die Psalmen den Menschen mit mehr Mitgefühl erfülle als das Studium der römischen Geschichte.
Sie mißtrauten der säkularen Welt. Sie glaubten, daß die Existenz der Welt nicht von Museen und Bibliotheken abhänge, sondern von Häusern für Gottesdienst und Lernen. Das Lehrhaus war für sie nicht deshalb wichtig, weil die Welt es brauchte, sondern im Gegenteil, die Welt war wichtig, weil es darin Lehrhäuser gab. Leben ohne Tora und ohne Frömmigkeit war Chaos für sie; und ein Mensch, der ohne sie lebte, wurde mit einem Gefühl der Angst betrachtet. Sie erkannten sehr wohl, daß die Welt voller Prüfungen und Gefahren war, daß Kains Eifersucht auf Abel dazugehörte oder die kalte Bosheit von Sodom und der Haß Esaus; aber sie wußten auch, daß es die Güte Abrahams und die Zärtlichkeit Rachels darin gab.

Geplagt und unterdrückt, wie sie waren, trugen sie tief im Herzen Verachtung für »die Welt« mit ihrer Macht und Pracht, ihrer Geschäftigkeit und Prahlerei. Menschen, die zur Mitternacht klagten, daß die Herrlichkeit Gottes im Exil war, und ihre Tage damit zubrachten, Zwiebeln zu verkaufen, waren weder beleidigt vom Spott ihrer Feinde noch beeindruckt von deren Lob. Sie wußten, daß die Juden im Exil lebten, daß die Welt unerlöst war. Ihr Leben war auf Spiritualität ausgerichtet, darum konnten sie seine äußeren Seiten ignorieren. Äußerlich mochte ein Jude arm sein, innerlich aber fühlte er sich als Fürst, als Verwandter des Königs der Könige. Unbesiegbare Freiheit erfüllte ihn, wenn er in den *tallit* (Gebetsmantel) gehüllt mit angelegten *tefillin* (Gebetsriemen) seine Seele der Heiligung des Heiligen Namens weihte.

Es gibt interessantere Literatur und klügere Philosophien als die der osteuropäischen Juden, aber in den Darstellungen und Ideen dieser Philosophien war das Licht der Gottesebenbildlichkeit nie erloschen. Es gab Juden, die behaupteten, daß sie sich erinnern könnten, wie ihre Seelen Zeugen der Offenbarung am Sinai waren. Aus ihrer Seele kam unablässig der Ruf »Wir wollen tun und hören«, und selten wurde diese Zusicherung ehrlicher gemacht. Erregte junge Männer konnten auf die Straße stürzen und ausrufen: »Es gibt keinen außer Ihm!«

Hat es je in den letzten tausend Jahren mehr Licht in den Seelen der Juden gegeben? Kann es in Safet oder Worms, in Cordoba oder Pumbedita schöner gewesen sein?

Die Juden hatten immer um Frömmigkeit und Heiligkeit des Sabbats gewußt. Das Neue in Osteuropa war, daß jeder Tag ein Stückchen Sabbat enthielt. Man konnte das ewige Leben im flüchtigen Augenblick schmecken. In einer solchen Umgebung fiel es nicht schwer, die *neschama jetera*, die »zusätzliche Seele«, festzuhalten, die jedem Juden für den Sabbat gegeben wird. In ihren kleinen Städten gab es keine Konzerte oder Opern; aber kein Lied war ausdrucksvoll genug, um das zu sagen, was sie beim dritten Sabbatmahl bewegte. Diese Juden bauten keine prächtigen Synagogen; sie bauten Brücken, die vom Herzen zu Gott führten.

Man erzählt sich, daß einst der heilige Baal Schem und seine Schüler nach Berditschew kamen, um Rabbi Lieber den Großen zu besuchen. Es war Markttag; also gingen die Besucher auf den Markt und sahen dort Rabbi Lieber im Gespräch mit einem Bauern. »Wißt ihr, mit wem Rabbi Lieber spricht?« fragte der Baal Schem seine Schüler. »Es ist der Prophet Elia.« Als er die Verwunderung seiner Schüler sah, fügte er hinzu: »Nicht Rabbi Lieber hat das Privileg, daß ihm Elia offenbart wird, sondern Elia hat das Privileg, eine Offenbarung von Rabbi Lieber zu empfangen.« Diese Geschichte drückt vielleicht am besten aus, was zu jener Zeit geschah. In den Tagen des Mose hatte Israel eine Offenbarung Gottes; in den Tagen des Baal Schem hatte Gott eine Offenbarung von Israel. Plötzlich wurde im Leben der Juden eine Heiligkeit offenbar, die sich im Laufe vieler Generationen angesammelt hatte. Letztendlich ist das »Wir wollen tun und hören«[1] ebenso wichtig wie das »Ich bin der Herr, dein Gott«[2]. Und »Wer ist wie Dein Volk Israel, eine Nation, einzig auf Erden?«[3] ist ebenso bedeutungsvoll für Ihn wie »Der Herr ist Einer«[4] für Israel. »Wer würde unserer Verkündigung geglaubt haben? Und wem ist der Arm des Herrn offenbart worden?«[5] Wenn man die Juden sah, erblickte man die *schechina*.

Als Nebukadnezar Jerusalem zerstörte und den Tempel niederbrannte, vergaßen unsere Vorväter nicht die Offenbarung am Berg Sinai und die Worte der Propheten. Heute weiß die Welt, daß das, was auf dem Boden Palästinas geschah, heilige Geschichte war, aus der die Menschheit Erleuchtung gewinnt. Ein Tag könnte kommen, wo das verborgene Licht der osteuropäischen Zeit enthüllt wird.

---

1 Exodus 24,7
2 Exodus 20,2
3 2Samuel 7,23

4 Deuteronomium 6,4
5 Jesaja 53,1

15

Die Geschichte, die nie erzählt wurde

Sicherlich gab es im Leben der osteuropäischen Juden nicht nur Licht, sondern auch Schatten: Einseitigkeit im Lernen, Vernachlässigung der Umgangsformen, Provinzialismus. In den beengten Verhältnissen, in denen sie lebten – von erbarmungslosen Gesetzen verfolgt und gepeinigt, von betrunkenen Gutsbesitzern eingeschüchtert, von Polizeistiefeln getreten, von politischen Demagogen als Sündenböcke ausgewählt –, riß das Seil der Disziplin zuweilen. Dazu kam, daß nacktes Elend und fürchterliche Armut die Forderungen und Ermahnungen des religiösen Enthusiasmus übertönten. Die Sphäre der Frömmigkeit war manchmal zu hoch für gewöhnliche Sterbliche.

Nicht alle Juden konnten sich der Tora und dem Gottesdienst widmen, nicht alle alten Männer hatten das Antlitz eines Propheten; es gab nicht nur Chassidim und Kabbalisten, sondern auch Tölpel und Landstreicher. Aber selbst im Schmutz ihrer kleinen Städte gab es schimmernde zarte Blumen und in der Dunkelheit glimmende Funken, die darauf warteten, angefacht zu werden.

Es gab kaum einen Juden, in dem die Achtung vor dem Geist völlig erstorben war. Es gab immer Moralisten, die Mißstände in den jüdischen Gemeinden öffentlich brandmarkten und flammende Anklagen gegen jene schleuderten, die oben saßen und sich nicht um Gerechtigkeit kümmerten. Ihr Versagen war allgemein bekannt; *schnorrer* verbreiteten das Wissen um ihren abstoßenden Charakter nah und fern.

Die Geschichte der stillen Selbstaufopferung, der nichtöffentlichen Wohltätigkeit, der Innerlichkeit und Hingabe des einfachen Volkes, die Geschichte jener, die ihre Armut geduldig trugen und nicht nach Übersee auswanderten, um ihr Glück dort zu suchen, wird wahrscheinlich nie erzählt werden.

Es ist leichter, die Schönheit des traditionellen jüdischen Lebens zu erkennen als die revolutionäre Spiritualität der modernen Juden. Der Jude früherer Tage übersah oft diese Welt, weil ihm die andere wichtiger war. Zwischen Mensch und Welt stand Gott. Inzwischen jedoch haben Verfolgungen, Pogrome und Morde den Boden unter den Füßen des Volkes erschüttert. Es gab keinen Frieden, keine Sicherheit; die Mittel, sein Leben zu fristen, wurden systematisch weggenommen. Die slawischen Massen, die von selbstgefälligen Großgrundbesitzern beherrscht wurden, reagierten nur schwach auf die Impulse der industriellen Revolution, die im 19. Jahrhundert durch die nördliche Hemisphäre fegte. Da sie keinen Unternehmergeist hatten, ignorierten Großgrundbesitzer, Beamtenschaft und Bauern gleichermaßen die Herausforderungen dieser alles erschütternden Veränderung. Der Durchschnittsmensch zog es vor, als staatlicher oder kommunaler Beamter von öffentlichen Geldern zu leben, statt sich den Risiken eines freien Handels auszusetzen. Man versäumte, die natürlichen Ressourcen auszubeuten und antiquierte Methoden in Landbau und Handel durch moderne zu ersetzen; die Folge war, daß die Menschen in Elend und Armut lebten. Die wachsende Verarmung traf besonders die jüdische Bevölkerung, die teilweise in der Landwirtschaft arbeitete, vorwiegend aber in Handwerk und Handel; aus Mangel an Kapital und infolge der systematischen Unterdrückung durch den Staat bestand kaum Hoffnung auf Erholung. Als Pioniere im Städtebau und in der

Entwicklung wichtiger Industrien begegneten die Juden einem wachsenden, wohldurchdachten System von Beschränkungen und Hindernissen. Die jüdische Jugend, ruhelos, aufgeweckt und flexibel, eifrig und voller dynamischer Impulse, suchte nach einem Weg aus den düsteren und übervölkerten Gassen, wo man keine Chance zur Verbesserung noch Entfaltungsmöglichkeiten finden konnte.

Dann kamen junge Leute mit neuen Botschaften. Sie weigerten sich, Unglück passiv hinzunehmen, sie wollten eine eigene Existenz auf eigenem Boden aufbauen. Sie wollten nicht mehr von Wundern leben, sie wollten Freiheit, eine natürliche Lebensweise. Sie wollten nicht geistlich von der Vergangenheit leben; sie weigerten sich, von Hinterlassenschaften zu existieren; sie wollten neu anfangen.

Der kosmopolitische Hauch der Aufklärung, der von Westen her wehte mit seiner optimistischen Botschaft von der Emanzipation aller Menschen, brachte einen Hoffnungsstrahl in die jüdischen Gemeinden. Die Romantik von Dichtern und Studenten, die sich um eine Wiederbelebung der hebräischen Sprache bemühten, trat in Konkurrenz zu den von Mendelssohn angeregten Aktivitäten, die darauf abzielten, den Inhalt jüdischen Lebens und Brauchtums verstandesmäßig zu erklären. Es enstanden die Aufklärungsbewegung *(Haskala)*, der Zionismus, die Chaluzim-(Pionier-)Bewegung, der jüdische Sozialismus. Wieviel Selbstaufopferung, wieviel Liebe zu ihrem Volk, wieviel Heiligung des Namens findet man bei den modernen Juden in ihrer Bereitschaft zu leiden, um zu helfen! Der Eifer der frommen Juden ging auf ihre emanzipierten Söhne und Enkel über. Die Glut und Sehnsucht der Chassidim, die asketische Ausdauer der Kabbalisten, die unerbittliche Logik der Talmudisten wurden in den Trägern der modernen jüdischen Bewegungen wiedergeboren. Ihr Glaube an neue Ideale mischte sich mit uralter Frömmigkeit. Im Rationalismus konnten sie »eine Tochter des Himmels« sehen, in der neu belebten hebräischen Sprache einen heiligen

Tempel oder im Jiddischen, der »Muttersprache«, das Wesen des Judentums.

Sie glaubten an Europa und priesen das 20. Jahrhundert. Kultur und Ideen der westlichen Zivilisation aufzunehmen war ihr leidenschaftlicher Wunsch, ihr Traum vom Glück. Aber anders als die alten Sekten haben selbst jene, die meinten, man müsse das Alte aufgeben, um das Neue aufnehmen zu können, jene, die der revolutionäre Elan in Gegensatz zur Tradition gebracht hatte, nicht die Bande zu ihrem Volk zerschnitten; mit wenigen Ausnahmen sind sie innerhalb des Verbandes geblieben. Der mächtige Drang nach Erlösung lebte in ihren Seelen weiter. Die Verlockung zur Assimilation war in der Tat verführerisch; aber die Juden, die nicht kapitulierten, die nicht vor der jüdischen Armut flohen, die Erfolg, Bequemlichkeit und guten Ruf aufgaben, um Heilung für die Wunden ihres Volkes zu finden, die die heiligen Bücher oder die Universitäten verließen, um den Boden zu bearbeiten und die Sümpfe in Palästina trockenzulegen, waren wie alter Wein in neuen Schläuchen.

Die Masse der osteuropäischen Juden lehnte die Emanzipation ab, wenn sie um den Preis des Verrats an der Tradition Israels angeboten wurde. Sowohl fromme als auch freidenkerische Juden kämpften um eine menschenwürdige Existenz, bemühten sich, die Rechte der Gemeinschaft sicherzustellen, nicht nur die des einzelnen. Sie bewiesen einen kollektiven Willen für ein kollektives Ziel. Mit Blitzgeschwindigkeit richteten sie sich auf und lernten, Künste und Wissenschaften zu meistern. Die Begabung für abstraktes dialektisches Denken, die durch die Generationen entwickelt worden war, wurde in die wissenschaftliche Forschung eingebracht. Chassidischer Enthusiasmus wurde zur edlen Tiefe musikalischer Virtuosität sublimiert. Dreitausend Jahre Geschichte haben sie nicht müde gemacht. Ihr Geist war von einer Vitalität, die sie oft in Gegensatz zu anerkannten Lehrmeinungen trieb.

In der geistlichen Verwirrung der letzten hundert Jahre haben viele von uns die unvergleichliche Schönheit unserer alten armseligen Heime übersehen. Wir verglichen unsere Väter und Großväter, unsere Gelehrten und Rabbinen mit russischen oder deutschen Intellektuellen. Wir predigten im Namen des 20. Jahrhunderts, maßen die Verdienste von Berditschew und Ger an Paris und Heidelberg. Geblendet von den Lichtern der Großstadt, verloren wir zuweilen die innere Schau. Die leuchtenden Visionen, die so viele Generationen lang aus den kleinen Kerzen strahlten, waren für einige von uns erloschen.

In den letzten Jahrzehnten hat sich eine Sehnsucht nach Einheit von Gegenwart und Vergangenheit entwickelt. Die Antithese der *Haskala* hat sich allmählich in eine Sythese verwandelt. Schritt für Schritt wurde die innere Schönheit des alten Lebens und die Leere der heutigen Zivilisation aufgedeckt. Aber die Zeit war zu kurz und der Wille zu schwach. Klarheit und Solidarität fehlten nicht nur in geistlichen, sondern auch in politischen Dingen. Als wir mit einer Welt voll Elend und Gleichgültigkeit konfrontiert wurden, erwies sich unser Wille und unsere visionäre Schau als unzulänglich. In unserem Eifer für Veränderung, unserer Leidenschaft für den Fortschritt lächelten wir über Aberglauben, bis wir unsere Fähigkeit zu glauben verloren. Wir haben geholfen, das Licht auszulöschen, das unsere Väter entzündet hatten. Wir haben Heiligkeit hingegeben für Bequemlichkeit, Treue für Erfolg, Weisheit für Information, Gebete für Predigt, Tradition für Mode.

In den Elementarbüchern für Hebräisch, die vor einem Vierteljahrhundert in Gebrauch waren, stand die Geschichte von einem Schuljungen, der jeden Morgen großen Kummer hatte, denn er hatte vergessen, wo er seine Kleider und Schulbücher hingetan hatte, bevor er zu Bett ging. Eines Abends kam er auf die Lösung seines Problems. Er schrieb auf ein Stückchen Papier: »Der Anzug ist auf dem Stuhl, der Hut im Schrank, die Bücher auf dem Schreibtisch, die Schuhe unter dem Stuhl, und ich bin im Bett.« Am nächsten Morgen fing er an, seine Siebensachen zusammenzusuchen. Alles war an seinem Platz. Aber als er an den letzten Punkt seiner Liste kam, suchte er sich selbst im Bett – doch diese Suche war vergebens.

Eine Welt ist verschwunden. Übriggeblieben ist ein Heiligtum, verborgen im Reich des Geistes. Wir, die Angehörigen dieser Generation, haben noch den Schlüssel. Wenn wir uns nicht erinnern, wenn wir nicht aufschließen, wird die Heiligkeit von Generationen ein Geheimnis Gottes bleiben. Noch haben wir, unsere Generation, den Schlüssel – den Schlüssel zum Heiligtum, das auch für unsere eigenen verlassenen Seelen ein schützendes Dach ist. Wenn wir den Schlüssel verlieren, schließen wir uns selbst aus.

In dieser Stunde sind wir, die Lebenden, »das Volk Israel«. Die Aufgaben, die Patriarchen und Propheten angefangen und die ihre Nachfahren fortgesetzt haben, sind uns jetzt anvertraut. Wir sind entweder die letzten Juden oder diejenigen, die die ganze Vergangenheit den nachfolgenden Generationen weitergeben. Wir werden das Erbe der Generationen entweder verspielen oder bereichern.

Das Judentum ist heute die am wenigsten bekannte Religion. Sein seltener Glanz ist so häufig den Trivialitäten wechselnder Meinungen angepaßt worden, daß das, was übrigblieb, Gemeinplätze sind. Nur wenige gibt es, die noch den schwindenden *niggun* (Melodie) seiner ewigen Sehnsucht wahrnehmen.

Die Menschheit hat nicht die Wahl zwischen Religion und Neutralität. Unglaube ist nicht Schlafmittel, sondern Gift. Wir haben so viel überschüssige Energien, daß wir nicht gleichgültig leben können. Was wir nötig haben, ist, daß ein unendliches Ziel unsere ungeheure Kraft absorbiert, sonst laufen unsere Seelen Amok. Wir sind entweder Diener des Heiligen oder Sklaven des Bösen. Jude sein heißt: seine Seele rein halten und den Strom unendlichen Strebens freigeben, damit Gott sich Seiner Schöpfung nicht schämen muß. Judentum ist keine Eigenschaft der Seele, sondern geistliches Leben. Die Seele ist uns angeboren; den Geist müssen wir erwerben.

Judentum ist Gottes Pfad in der Wildnis des Vergessens. Wenn wir sind, was wir sind, nämlich Juden, wenn wir unsere eigene Sehnsucht auf die Heiligkeit einstimmen, die einsam ist in dieser Welt, werden wir der Menschlichkeit mehr helfen als durch irgendeinen speziellen Dienst, den wir leisten könnten.

Wir sind Juden, wie wir Menschen sind. Die Alternative zu unserer jüdischen Existenz ist geistlicher Selbstmord, Auflösung, nicht Umwandlung in irgend etwas anderes. Das Judentum hat Verbündete, Partner, aber es gibt keinen Ersatz dafür. Es ist nicht die Dienstmagd der Zivilisation, sondern deren Prüfstein.

Wir leben nicht in einem Vakuum. Wir leiden nicht unter der Angst, daß wir in der Leere der Zeit herumtreiben. Uns gehört die Vergangenheit, deshalb fürchten wir nicht, was kommen wird. Wir erinnern uns, woher wir kamen. Uns ist das Wissen verliehen, daß wir in eine Geschichte eingebunden sind, die die Interessen und den Ruhm einzelner Dynastien und Reiche übersteigt. Wir wurden einberufen und können es nicht vergessen, wenn wir die Uhr der ewigen Geschichte aufziehen. Wir werden gelehrt, die Knoten aufzuspüren, durch die die Trivialitäten des Lebens mit dem Erhabenen verknüpft sind. Unsere Erfahrung, daß menschliches Leben von intensiver, strenger Bedeutung, von gefährlicher Größe, von göttlichem Ernst ist, nimmt kein Ende. Unsere Blüten mögen zertreten sein, aber der Glaube, der aus der Tiefe unserer Wurzeln hervorkommt, hält uns aufrecht.

Unser Leben ist von Schwierigkeiten umstellt, aber es ist niemals ohne Sinn. Unsere Seelen kennen nicht das Gefühl der Vergeblichkeit. Unsere Existenz ist nicht vergebens. Göttlicher Ernst waltet über unserem Leben. Das ist unsere Würde. Mit Würde angetan sein bedeutet, mehr zu repräsentieren als nur sich selbst. Die schwerste Sünde für einen Juden ist, zu vergessen, was er repräsentiert, wofür er steht.

Wir sind Gottes Einsatz in der Geschichte der Menschen. Wir sind Morgen- und Abenddämmerung, Herausforderung und Prüfstein. Wie merkwürdig, Jude zu sein und sich auf Gottes gefährlichen Botengängen zu verirren! Wir wurden aufgeopfert als Vorbild des Gottesdienstes und als Beute des Spotts, aber in unserer Bestimmung liegt noch mehr. Wir tragen das Gold Gottes in unserer Seele, um das Tor zum Königreich zu schmieden. Das Königreich mag noch weit entfernt sein, aber der Auftrag ist klar: unseren Anteil an Gott festzuhalten trotz Gefahr und Verachtung. Man muß Krieg führen gegen das Gemeine, gegen die Verherrlichung des Absurden, einen unablässigen und universalen Krieg. Treu zur Gegenwart des Letzten im Alltäglichen, können wir vielleicht deutlich machen, daß der Mensch mehr ist als Mensch, daß er, wenn er das Endliche tut, das Unendliche wahrnehmen kann.

Über Abraham Joshua Heschel

»Eine hervorragende Persönlichkeit im jüdischen Geistesleben« (*Encyclopaedia Judaica*), »der anerkannte Meister einer ganzen Generation amerikanischer Rabbiner, ein jüdischer Theologe von internationalem Ruf« (*Jewish Chronicle*), »von enormer Bedeutung für alle, die sich Menschen nennen und Menschen sein wollen« (*Emuna*) – so wurde Abraham Joshua Heschel nach seinem Ableben im Dezember 1972 überall in der Welt gepriesen. Und doch ist sein Werk in Deutschland immer noch weniger bekannt als etwa in Argentinien oder Indien.

Heschel entstammte einer langen Reihe berühmter Chassidim, die im polnischen Judentum beheimatet waren. Er wurde 1907 in Warschau geboren und ging dort zur Schule. Jiddisch und Polnisch waren seine Muttersprachen, Deutsch lernte er ebenfalls im Elternhaus. 1927 ging er zum Studium nach Berlin, promovierte 1935 mit einer berühmt gewordenen Arbeit über die Prophetie und wurde 1937 von Martin Buber als sein Nachfolger ans Jüdische Lehrhaus in Frankfurt a.M. berufen. Mit der Ausweisung polnischer Juden 1938 kehrte er nach Warschau zurück, floh dann über England in die USA und wirkte dort zunächst am Hebrew Union College, ab 1945 am Jewish Theological Seminary in New York.

Heschel war nicht nur Rabbiner und Prediger, Religionsphilo-

soph und Mystiker, Theologe und Prophet, sondern auch ein
»Mensch für andere«: 1965 nahm er neben Martin Luther King
und Ralph Bunch an dem berühmten Marsch für die bürgerliche
Gleichstellung der Schwarzen in den USA nach Montgomery
teil. Nach der Ermordung Martin Luther Kings las er bei der
Trauerfeier am 8. April 1968 die Lektion aus dem Alten Testa-
ment. In der »Operation Connection« für Farbige in den fünf
ärgsten Ghettobezirken New Yorks saß er im Vorstand. Mit
Gleichgesinnten gründete er die Organisation »Geistliche gegen
den Vietnamkrieg«, immer wieder erschien sein Name in Appel-
len, die in der *New York Times* für Kriegsdienstverweigerer plä-
dierten. Im Gegensatz zur Mehrheit der jüdischen Wähler wendete er sich in Aufrufen und Demonstrationen gegen die Wie-
derwahl Richard Nixons. Heschel war eng mit dem großen pro-
testantischen amerikanischen Theologen Reinhold Niebuhr be-
freundet und betrieb zusammen mit Kardinal Bea die Abfassung
der sog. Judenerklärung des 2. Vatikanischen Konzils, in der die
traditionelle »Judenlehre« der katholischen Kirche einer Revi-
sion unterzogen wurde.

Secher zadik liwracha – Das Gedenken an den Gerechten gereicht
zum Segen (Sprüche 10,7).

Werke von Abraham Joshua Heschel im Neukirchener Verlag

- Gott sucht den Menschen. Eine Philosophie des Judentums (1980)
- Der Mensch fragt nach Gott. Untersuchungen zum Gebet und zur Symbolik (1982)
- Die ungesicherte Freiheit. Essays zur menschlichen Existenz (1985)
- Wer ist der Mensch? Über das Wesen und die Sinngebung des Menschseins (1985)
- Die Erde ist des Herrn. Die innere Welt des Juden in Osteuropa (1985)
- Der Sabbat (in Vorb.)
- Israel – Echo der Ewigkeit (in Vorb.)
- Leidenschaft für die Wahrheit (in Vorb.)
- Der Mensch ist nicht allein. Nachdenken über Religion (in Vorb.)